岩 波 文 庫

38-401-1

史的システムとしての資本主義

ウォーラーステイン著
川 北 稔 訳

岩 波 書 店

HISTORICAL CAPITALISM
WITH CAPITALIST CIVILIZATION
by Immanuel Wallerstein

First edition 1983. New edition 1995
Originally published 1995 by Verso

This Japanese edition published 2022
by Iwanami Shoten, Publishers Tokyo
by arrangement with The Estate of Immanuel Wallerstein.

凡例

一 本書は、Immanuel Wallerstein, *Historical Capitalism with Capitalist Civilization*, Verso (London), 1995 の邦訳、I・ウォーラーステイン『新版 史的システムとしての資本主義』(川北稔訳、岩波書店、一九九七年)を文庫化したものである。

一 原書に註はないので、本書の註はすべて訳者のものである。

一 構文の都合上、訳者が補った言葉は〔 〕でくくって示した。

日本の読者へ

本書のタイトルをたんに『資本主義』とはせずに、『史的システムとしての資本主義《ヒストリカル・キャピタリズム》』としたのは、ごく単純な理由からである。私の確信するところでは、歴史上、資本主義的システムといえるものはたったひとつしか実在してこなかった。したがって、それを叙述したり分析したりするには、何らかのモデルから演繹するような方法はとりえない。資本主義は歴史の産物にほかならず、それが演繹的につくられたモデルと食い違っているとすれば、間違っているのはモデルの方なのである。このようにいうことは、どうでもよい、小さなことではない。このことこそは、日本でもその他のいかなる国においても、多くの理論上の論争に一石を投じることになるはずなのである。というのは、資本主義をこのように、独自の個性をもった歴史的実在と定義することで、われわれは、現代世界の解釈を修正することになるばかりか、将来に向かっての戦略をも変更せざるをえないことになるからである。私が日本の読者に期待したいのは、このような共通の作業に関心をもち、積極的に参加して下さることである。

一九八四年一一月八日

I・ウォーラーステイン

はじめに

本書を執筆するについては、さしずめ相前後して生じた二つの事情が、直接の動機となった。すなわち、一九八〇年の秋、チエリ・パコ Thierry Paquot から、かれがパリで編集しているシリーズに小著を寄せてほしいといわれたのが、そのひとつである。パコの腹づもりでは、「資本主義」をテーマとしたいということであった。そこで、私としては原則として書かせてもらう意志はあるが、テーマは「史的システムとしての資本主義《ヒストリカル・キャピタリズム》」(1)にしたい、と返事した。

私の印象では、資本主義については、マルクス主義者や政治上の左翼の人びとによってあまりにも多くのことが書かれてきたが、にもかかわらず、そうした著作には、たいてい次の二つの欠陥のいずれかが認められるように思える。すなわち、ひとつの欠陥は、資本主義の本質《エッセンス》とみなされるものの定義からはじめ、ついでそれがいろいろな場所、いろいろな時代において、どれくらい発展したかをみようとする、基本的に理論的・演繹的なタイプの分析にみられるものである。いまひとつは、資本主義というシステムには大きな転換点がいくつかあったと仮定し、その転換に注意を集中するタイプの著作にみられるものである。たとえば、近年における資本主義の変化にもっぱら注目し、それ以前の歴史全体が、ただ一種の神話として、現状をよりよく理解するための比較対象の役割を与えられているにすぎないような作品にみられるものである。

私にとってとりあえず重要なことは、資本主義をひとつの歴史的システムとして——つまり、その全史をひとまとめにして、その具体的で個性的な実態を——みることである、と思えたのである。これこそまた、近年の私の仕事全体がめざしていることでもある。したがって、私はこの実態を叙述し、絶え間なく変化するものと、まったく変化しないもの——これあればこそ、この実在物全体を「資本主義的世界システム」というひとつの名でよぶことができるのだが——とを描き分ける仕事を始めたのである。

他の多くの人びとと同じように、私もこの実在物はいろんな構成要素をすべて寄せ集めたものである、と考えてはいる。しかし、ひとがこのように言う場合、多くは、やれおまえは「経済主義者」だとか、文化的「観念論者」であるとか、政治ないし自由意志の要素を強調しすぎているなどと言って、他人を攻撃するためにそうしているのである。

しかし、このような批判の仕方は、ほとんど必然的にその反動として、批判者自身をちょうど正反対の方向の誤りに陥らせてしまうものである。したがって、私としては、その経済的側面、政治的側面、文化的・イデオロギー的側面を順々に扱うことによって、ごく素直にこの複合体の全体像を描くように努めたつもりである。

こうして、この書物の執筆をいちおう了承した直後に、私はまた、ハワイ大学の政治学部に招待され、集中講義をすることになった。それで、同大学での講義のためのノートを兼ねて、本書を執筆しようと思い立ったのである。講義は、一九八二年春に行なわれた。したがって、本書の最初の三章の原型は、まず最初にハワイで発表され、その際、熱心な聴講生のあいだから多くの批評や批判をいただいた。おかげで本書は、そのときの素稿に比べると、よほどましなものになった。記して感謝の意を表する次第である。

素稿を改変した第一の点は、第四章を加えたことである。というのは、講義をしているうちに、解釈上のひとつの問題が頭にこびりついて離れなくなってしまったからである。すなわち、歴史にとって進歩は必然だという信念が、まさに驚異的といってよいほどの潜在力となって、人びとのあいだにひろがっていること、これである。この信念こそは、われわれをして、眼前にひらけている歴史の選択肢に対する理解をも誤らせるものである、と私には思えてならない。それゆえ、私はこの問題を直接取りあげることにしたのである。

最後に、カール・マルクスについて一言。マルクスが近代思想史・政治史上の記念碑的人物であることは、むろん間違いない。豊かな概念装置に充ち、精神を鼓舞してくれる偉大な遺産を残してくれたのも、かれである。しかし、かれが自ら私はマルクス主義者ではないと称した事実は、真面目に受け取るべきであり、断じてたんなる洒落として片づけたりすべきではないのだ。

マルクスは、多くの自称マルクス主義者とは違って、自分が一九世紀の人間であり、したがって自分の描くヴィジョンが、必然的にその社会の現実によって制約されていることをよく知っていた。かれはまた、ひとつの理論的公式は、あからさまにもせよ、暗黙のうちにもせよ、それが攻撃しようとしているもうひとつの公式と対比してこそ、理解もでき、利用もできるのだという事実をも熟知していた。このことも、一般にはしばしば理解されていないように思われる。むろん、この際、対比はまったく異なった前提のうえに立つ、まったく別の問題にかんする公式のあいだで行なってみても意味がないことも知っておくべきである。さらに、マルクス自身は自分の著作のなかに、(歴史上、現実には一度も存在したことのない）完全なシステムとしての資本主義の解釈と、そのときどきの具体的な資本主義世界の現状分析との緊張関係があることを承知してもいたのだが、多くの人びとはこの点を理解していないし、自称マルクス主義者の大部分も、この点を無視しているといわざるをえない。

したがって、マルクスの著作を利用するにあたっては、唯一の賢明なやり方――闘争におけるひとりの同志として、かれが本当に知っていたことだけを取り出すつもりで――をするように心がけよう。

訳註

（1）原著の表題でもある Historical Capitalism という言葉は、やや冗長ではあるが、極度に文体をそこねない限り、「史的システムとしての資本主義」と訳す。

目　次

史的システムとしての資本主義

I

万物の商品化——資本の生産

資本主義とは、何よりもまず歴史的な社会システムである。その起源や作用、当面の見通しなどを理解するためには、その現実のあり方を観察しなければならない。むろん、この実態を簡略に説明しようとして、一連の抽象的な言葉に頼ることもあるだろうが、その実態を判定し、類別するのにもこのような抽象的な表現を用いるとすれば、馬鹿げたことというべきであろう。したがって、そのようなやり方は避けて、次のような事柄を記述することにしたい。すなわち、実際のところ資本主義とはどんなものだったのか。それはひとつのシステムとして、どのように機能してきたのか。それはまた、なぜこのように発展してきたのか。これからどこへ向かって行きつつあるのか。こうした〔具体的な〕問題を論じようというのだ。

資本主義という言葉は、むろん資本に由来している。したがって、資本主義にとっては、資本が鍵をなす構成要素になっている、と仮定して大過あるまい。しかし、そもそも資本とはいったい何なのか。たんに蓄積された富という意味で用いるのも、ひとつの用語法ではあるだろう。しかし、史的システムとしての資本主義について何かを語ろうというのであれば、資本という言葉の定義も、もっと限定されたものでなければならない。それはまた、消費財のストックや機械ないし貨幣という形態をとった、資材への請求権だけを指すのでもない。たしかに、史的システムとしての資本主義においても、資本とは過去の労働の成果で、なお消費されていない部分を指す言葉だということはできる。しかし、それですべてだというのなら、ネアンデルタール人の時代以来のあらゆる歴史的システムは資本主義的であった、ということになってしまう。なぜなら、どんなシステムでも、過去の労働の成果をいくらかは蓄積していたからである。

ここで史的システムとしての資本主義と呼んでいる歴史的社会システムの特徴は、この史的システムにおいては、資本がきわめて特異な方法で用いられる――つまり、投資される――という点にある。すなわち、そこでは、資本は自己増殖を第一の目的ないし意図として使用される。このシステムにあっては、過去の蓄積は、それがそのもの自体のいっそうの蓄積のために用いられる限りにおいて、「資本」となったのである。そのプロセスはむろん複雑で、後述するように入りくんだものであった。それにしても、本書で資本主義的と呼ぶのは、資本保有者たちのこうした仮借のない、しかも奇妙に自己中心的な目標、つまりよりいっそうの資本蓄積と、この目標を達成するために、資本の保有者が他の人びととのあいだに取り結ばざるをえなくなった諸関係のことである。たしかに、かれらの目標は、これだけというわけでもなかった。生産のプロセスには、もっと他の思惑も作用はしたのだが、ただ問題は、あれこれの思惑がぶつかりあったときに、どちらが優先されたかである。少し長い眼で見て、資本蓄積がつねに他の諸目標より優先されているといえるようなら、そこには資本主義的なシステムが作用しているといって間違いない。

特定の個人や集団が、よりいっそうの資本を得ようとして資本を投下するような例は、むろんいつの時代にもありえた。しかし、歴史上ある時点に至るまでは、そういう人びとがみごとに目的を達するということは、まずありえなかった。資本主義というシステムに先行した諸システムにあっては、長くて複雑な資本蓄積の過程は、たとえその初期条件——過去に消費されなかった資財の少数者による占有ないし併合という——が存在したとしても、たいていは、あちこちで阻止されてしまったからである。たとえば、「資本家」に相当する人物にとっては、つねに労働力が得られるのでなければならなかったわけだが、ということは、アメでつられてであれ、鞭で強制されてであれ、然るべき労働をなしうる者がつねに存在しなければならなかった、ということである。労働力が得られて、商品が生産されたとしても、こんどはそれを何とかして売り捌《さば》かなければならない。ということは、流通機構と購買力をもった買い手の集団が不可欠だということである。しかも、商品は、その時点までに売り手が要した総コストより高い価格で売られなければならないばかりか、その差額が売り手自身の生存に要する金額をこえている必要もある。近代的なタームでいえば、利潤にあたる部分もなければならない。そのうえ、この利潤を得た者が、それを保持していて然るべきときに投資できる条件が整っていてこそ、はじめて最初の生産点に戻って全過程が更新されるのである。

じっさい、近代になるまでは、この一連のプロセス――資本の循環と呼ぶこともある――が完結することはめったになかった。ひとつには、このプロセスを形成している連鎖の多くの環が、近代以前の歴史的社会システムにおける政治的・イデオロギー的な権威の保持者には、非合理的であるか不道徳であるか、あるいはその両方であるとみなされたという事実がある。しかも、権力者が直接介入するわけではなくても、このプロセスはひとつないし複数の要素が手に入らないために、中断されてしまうのがふつうであった。たとえば、貨幣の形態をとって蓄えられた資本が足りないとか、生産に使える労働力がないとか、商業網が欠けているとか、購買力のある消費者に恵まれない、といったことが多かったのである。

かつての歴史的社会システムにおいては、こうした要素が欠けていることが多かったというのは、それらがまったく「商品化」[1]されていないか、それほどでなくても「商品化」が不十分だったことが多いからである。つまり、その過程が「市場」を通じて取引できるものであり、また、そうされるべきものだとは考えられていなかったということである。したがって、史的システムとしての資本主義は、それまでは「市場」を経由せずに展開されていた各過程――交換過程のみならず、生産過程、投資過程をも含めて――の広範な商品化を意味していたのである。いっそうの資本蓄積を追求しようとした資本家たちは、経済生活のあらゆる分野において、いっそう多くのこうした社会過程を商品化してしまうことになった。資本主義は自己中心的なものだから、いかなる社会的取引も商品化というこの傾向を免れることはできなかった。資本主義の発達史には、万物の商品化へとむかう抗しがたい圧力が内包されていた、といわれるのはこのためである。

諸々の社会過程を商品化するだけでは十分でなかった。生産過程はまた、複雑な商品の連鎖のかたちで、相互に結びついてもいたのである。たとえば、資本主義発達史を通じて広範に生産され、売られた典型的な商品である衣料のことを考えてみればよい。一着の衣服を生産するにも、少なくとも布地と糸と何がしかの機械と労働力とが必要である。しかし、考えてみると、ここにあげたひとつひとつのものもまた、何らかのかたちで生産されなければならないわけだ。しかも、それらの生産に使われるいろいろな要素もまた、それぞれに生産されなければならない。ところが、こうした商品の連鎖におけるすべてのサブ・プロセスが商品化されてしまうとは限らない。というより、そんなことは一般的でさえないのだ。じっさいには、後述するように、連鎖のすべての環が商品化され切っていない場合の方が、高い利潤が得られることが多かったのである。明らかなことは次のようなことである。すなわち、こうした連鎖においては、バランス・シートにコストとして記載されるはずの、何らかの種類の報酬を受け取る大量の、分散的な労働者群が存在しているということがそれである。しかし、他方では、これよりも遥かに少人数ながら、別の種類のふつうはやはり分散的な人びと——それに、通常は経済上のパートナーとしても結合されておらず、まったく別々の経済体として機能している——がいて、最終マージン、すなわち当該連鎖にかかわる全生産コストと最終生産物の売却によって得られる総収入の差の分け前にあずかっている。

いくつもの生産過程を結びつけるこうした商品連鎖がいったん完結したとなると、「資本家」層全体にとっての〔資本〕蓄積率が、全体としてどれくらいのマージンが得られるかにかかっていたこと――むろん、このマージンの幅はかなり激しく変動する可能性があったが――は、自明である。しかし、個々の資本家にとっての蓄積率は、「競争」過程の関数であった。つまり、ひとよりすぐれた予測能力をもった者、よりすぐれた労働管理の能力を示した者、特定の市場作用に対する政治的制約――「独占」と総称されているもの――をよりうまく利用した者などには、より多くの報酬が与えられる仕組みになっていたのである。

この事実は、システムとしての資本主義における第一の矛盾を生み出した。というのは、ひとつの階級としての資本家全体にとっては、総生産コストを引き下げることが有利なはずであったが、そうすることによって、実際にはしばしば特定の資本家が他の資本家よりも利益を受けることになったからである。したがって、資本家のなかには、資本家階級全体のマージンをふやしても、そのなかの自己のシェアが減るくらいなら、全体のマージンは小さくなってもよいから、そのなかでの自分の取り分を拡大したいと思う者も出てきたのである。そのうえ、このシステムにはもうひとつの基本的な矛盾もあった。資本蓄積がすすみ、商品化される過程もどんどん多くなって、ますます多くの商品が生産されるようになるにつれて、商品の買い手がそれに合わせて漸増してゆくことが、全体の流れを維持するための不可欠な条件のひとつとなった。しかし、同時に生産コスト引き下げの努力もなされたわけだから、その結果、通貨の流れが細くなり、買い手の着実な増加が阻止されたこともしばしばだったからである。反対に、買い手の数を増やせるような方向に総利潤を再分配してみると、しばしば総利潤そのものの縮小を招く結果になったという事実もある。したがって、個々の企業家をとると、一方では自分の企業の利益増進をめざす――たとえば、自己の企業の労働コストを引き下げようとするような――方向にむかいながら、他方では、まったく同時に――自己の属する階級の一員として――全体としての買い手の人数を増やす方向にも努力をしてしまうようなことになった。そんなことをすれば、少なくとも一部の生産者にとっては、労働コストが上昇することは明らかだったにもかかわらず、そうしたのである。

資本主義経済の論理は、こうして資本蓄積極大化をめざす合理的《ラショナル》な意志によって支配されてきた。しかし、企業家にとって合理的であることは、必ずしも労働者にとっても合理的であったわけではない。しかも、さらに重要なことに、企業家階級全体にとって合理的であることが、個々の企業家にとっては必ずしも合理的とは限らない、という問題もある。したがって、すべての人が自己の利益を追求していた、などというだけでは済まされないのである。各個人がそうして自己の利益追求に走った結果、気がついてみると、まったく「合理的に」お互いが相矛盾した行動を展開していた、ということも決して少なくはなかったのである。こうなると、長期の実質的な利益を計算するのは、非常に難しいことになった。錯綜したイデオロギーのヴェールのために、自己の利益を正確に認識するのが困難で、ゆがんで見てしまいがちだという点は当面考慮に入れないとしても、そうなのである。さしあたっては、史的システムとしての資本主義は、〔経済合理主義で動く〕ホモ・エコノミクスを生み出したと仮定しておくが、しかし、ここでいうホモ・エコノミクスも、ほとんどつねにいささか混乱もしていたのだということを、ひとこと付言しておかなければなるまい。

このことはしかし、一方では、混乱が果てしなく拡がるのを防ぐ「客観的」な制約ともなっている。すなわち、たとえ無知のせいであれ、イデオロギーにとらわれてのことであれ、経済上の判断をいつも間違っているようなひとがあれば、そのひと――そのひとの企業体——はとうてい市場で生き残りえなかったからである。破産こそは、資本主義というシステムの強力な浄化液であり、すべての経済主体をして、すでに十分に踏みならされた轍《わだち》からつねに大きくは離れられないようにしてきたものである。その結果、いかなるひとも、全体としての資本蓄積をいっそう促進するような方向で活動せざるをえないことになったのである。

したがって、史的システムとしての資本主義とは、諸々の生産活動を統合する場であり、時間と空間の限定された具体的な存在なのである。そこでは、あくなき資本蓄積こそが重要な経済活動のすべてを支配する目標ないし「法則」となっている。それはまた、はじめからこの法則に沿って活動してきた人びとが社会全体に決定的な影響力を及ぼし、他の人びとにしても、かれらの行動パターンに従うほかはない状況をつくり出した。そうしない限り、報復を受けることは必至となったのである。史的システムとしての資本主義とは、こうした法則——価値法則——の貫徹する範囲がどんどん拡大してゆき、それを強制する立場の人びとがますます威丈高になってゆくような社会システムなのだ。したがってそこでは、この法則がますます社会機構の奥の方にまで浸透するようになっていったのである。他方では、この法則に反対する社会勢力もますます強くなり、抗議の声がいっそう高く、また組織的になってきていることも事実なのだが。

史的システムとしての資本主義がこのようなものだとすれば、そこでいう具体的な統合体が時間的、空間的にどこにあったかは、誰にも容易に判定ができよう。私見では、この史的システムは一五世紀末のヨーロッパに誕生した。このシステムは、その後も、ときの経過にともなって空間的に拡大し続け、一九世紀末までには地球全体を覆うに至ったもので、今日もなお全地球をカヴァーしたままである。むろん、こんな疎略な時間と空間の区切り方には、疑問を抱くむきも多いだろうと思う。しかし、ここでもち出されそうな疑問は、よく考えてみると、次の二種類に大別されてしまいそうに思われる。すなわち、第一のそれは、実証面での疑念である。たとえば、ロシアは一六世紀の「ヨーロッパ世界経済」のなかにあったのか、外にあったのかとか、オスマン・トルコ帝国が資本主義的な世界システムに組み込まれたのは、正確にいうといつのことだったのか、といった問題である。あるいは、特定の時点で特定の国家の内部にあった一地域が、本当に「資本主義的世界経済」に「組み込まれて《インテグレイテッド》」いたといえるのかどうか、というような疑問もあろう。こうした疑問は、それ自体としても重要なものであるが、それらに何とか答えようとすると、史的システムとしての資本主義の諸過程をより精密に分析せざるをえなくなる、という意味でも重要である。しかし、ここでいまなお論争や研究がすすめられているこれら無数の実証的な問題にかかわるのは、適切ではあるまい。

もうひとつの種類の疑問は、以上に示唆したばかりの帰納的定義の有効性そのものにむけられるものである。すなわち、労働の場において特定の社会関係、つまり私的企業家と賃金労働者の関係が成立しない限り、資本主義が成立したとは認めない人びとがいるのである。ある国家がその産業を国有化し、社会主義思想を信奉すると表明した途端に、まさにこうした行為の結果として、その国家はもはや資本主義的世界システムからはずされたものと考える人びともいる。これらは、実証の問題というよりは理論上の問題である。したがって、こちらの種類の疑問には、いずれ行論のうちに言及しなければなるまい。ただ、この種の問題には、演繹的な論理で迫ってみてもあまり意味はなさそうである。それでは、信条と信条のぶつかりあいになるだけだろうからである。したがって、ここでは、〔研究の過程で自然にわかってくるといった〕発見的な手法を用いながら、本書のような帰納的定義こそが、他のどんな方法よりも有効であることを論証しようと思う。そのような定義を用いた方が、歴史的事実についていまわれわれがもっている知識の総体をより容易に、しかもよりすっきりと理解することができるし、その結果、当面より有効な行動指針が得られるような方向で、史実を解釈することも可能になるだろう、というのがその論拠である。

それゆえまず、この資本主義的システムがじっさいにはどのように機能したのか、という点から考察しよう。生産者の目標が資本蓄積にあったことは、すでにみた。とすれば、生産者は特定の商品を可能な限り多く生産し、可能な限り高いマージンの得られる売り方をしようとするはずである。しかし、その場合もかれらは、いわば「市場に」存在する一連の経済的制約条件の枠内でしか行動しえない。たとえば、総生産量は、原・材料、労働力、顧客、投資ベース拡大のための現金などが――ごく手軽に――入手可能かどうかによって、必然的に制約されている。そこまでは生産高をふやしても何とか利潤があがるという生産高の天井や、得られる利潤マージンの高は、「競争企業」が同じ商品をより安価に売り出しうるか否かによっても変わる。ここでいう競争企業は、世界市場のどこにいてもよいというのではなく、当の生産者がじっさいに商品を販売できる比較的身近な局地的市場――個々の事例においてこの市場がどのように定義されるにせよ――にいる必要がある。また、生産者が生産を拡大すると、かれが属する「局地的」市場で価格引き下げ効果が生じ、その結果、かれがその生産活動によって獲得する純利潤の総額が低下してしまう結果にもなりかねない、という意味でも制約がある。

ところで、ここにとりあげたのは、いずれもいわば客観的な制約であって、当該市場で活動する個々の生産者がどんな決断をするか、ということとは無関係に存在するものである。つまり、これらの制約は、特定のときに、特定の場所において、具体的に存在している社会的過程の総体が生み出すものである。しかし、このほかに、もっと人為的な操作によって生じる制約がつねに存在した。たとえば、政府が生産者をしてその経済的選択を変えさせ、利潤計算を狂わせるような諸法規を採用するか、もしくはすでに採用しているかもしれない。既存の法規が特定の生産者に有利に作用したり、不利に作用したりもしよう。したがって、生産者のなかには、自分に有利な方向に法規を改変するように政府当局を説き伏せようとする者があるかもしれない。

生産者は、その資本蓄積能力を極大化するために、どのような行動をとってきたのか。生産過程にとっては、労働力こそがつねに中心的な意味をもっており、量的にもきわめて重要な要素となっていたこと、あらためて多言を要すまい。そもそも、資本蓄積を至上命令とする生産者は、労働力については、相互に異なった二つの側面に関心をもっているものだ。すなわち、それがどれくらい入手しやすいかということと、そのコストがどれくらいかということとである。入手の可能性の問題は、ふつう次のようなかたちで設定されてきた。すなわち、かりに生産物の市場が安定的で、しかも資本家にとって労働力の規模がある目的にとって最適であったとすれば、社会的生産関係は固定されている方が――個々の生産者にとって安定した労働力を意味するだけに――コストが低くおさえられるかもしれない。しかし、市場が縮小傾向にある場合には、労働力が固定されている(2)という事実は、生産者にとって実質コストの上昇を意味するであろう。逆にまた、製品市場が拡大局面にある場合にも、同じ事実は、生産者が利潤拡大のチャンスをつかみそこなうことを意味するであろう。

他方では、労働力を固定しないでおくことも、資本家にとってはそれなりに不利に作用することがあった。固定されていない労働力というものは、定義そのものからして、特定の生産者のために継続して労働を行なうとは限らない。したがって、このような労働者は、長期的にみると変動してやまないその実質収入を、平均にならしてみて生存してゆくのに十分だといえる程度の報酬を得ることに執心してきた。つまり、労働者は、報酬を得られない期間をも十分にカヴァーできるだけのものを、雇主に要求せざるをえなかったのである。その結果、自由な労働力というものは、しばしば生産者にとって、固定された労働力と比べると、労働者一人一時間当りのコストが、かえって高くついたのである。

こうして、この点にもひとつの矛盾があり、しかもこの矛盾は資本主義的生産過程のまさに心臓部ともいうべきところにあるのだとすれば、その結果は妥協——それも、歴史的に見てはなはだ不安定な妥協——しかありえないことになろう。この点についての歴史的事実の検証からはじめよう。資本主義的なそれに先行した史的システムにおいては、いつの場合でも、ほとんどの——すべてのというわけではないが——労働力は固定されたものであった。生産者が用いる労働力は、本人自身とその家族のみというケースもいくつかあったが、この場合は、労働力はあきらかに固定されたものであったことになる。親族ではなくても、法や慣習ないしその両方によって特定の生産者に緊縛された労働力が用いられることもあった。すなわち、様々な形態をとった奴隷制、債務奴隷制、農奴制、永代借地農制《パーマネント・テナンシー》などがそれである。緊縛状態は生涯にわたることもあれば、期限つきながら更新可能という場合もあった。もっとも、後者の場合、期限つきといっても、期限満了時にそれに代わるべき現実的な方法がなければ、期限がついているという事実にたいした意味はなかった。労働力がこのように固定されているということは、こうした労働力を確保している特定の生産者たちにとって、いくつかの問題を孕《はら》んでいたことになるのだが、かれら以外の他のすべての生産者にとっても、そのことは問題であった。というのは、後者にとっては、固定されていない、自由に使える労働力が得られる範囲でしか、生産を拡大しえないことは自明であったからである。

こうした配慮が基礎になって、賃金労働制度が勃興してきたことは、従来からふつうにいわれてきたとおりである。この制度のもとでなら、生産者にとっては、いつでも他人より高い賃金を支払いさえすれば雇い入れることのできる労働力が存在したのである。つまり、いわゆる労働力市場の作用とプロレタリアとして自らの労働を売る人びととの問題が、そこにあるのだ。むろん、史的システムとしての資本主義のもとでは労働力のプロレタリア化が進行したなどと言ってみても、とくに目新しいことを言ったことにはならない。新しくないばかりか、驚くようなことでさえない。労働力のプロレタリア化の過程が、生産者にとっていかに有利であったかについては、すでにうんざりするほどの研究がある。驚くべきは、いかにプロレタリア化が進行したかではなくて、いかにそれが進行しなかったか、ということなのだ。というのは、この歴史的社会システムにはつとに四〇〇年をこえる歴史があるにもかかわらず、完全にプロレタリア化された労働力というのは、今日の「資本主義的世界経済」においても、なお五〇パーセントにも達しているとは到底いえないからである。

もっとも、この数値が統計のとり方やかぞえるべき労働者の範囲をどう考えるかにかかっていることも、あらためて言うまでもない。いわゆる「経済的に稼動可能な労働力」にかんする政府の公式統計を使うとすれば、そうした統計は、主として正式の報酬を得て働く賃金労働者となりうる成人男性のみをかぞえることになるから、いまでは賃金労働者の比率がよほど高くなっている、という結論が出てしまう。（むろん、この数値にしても、全世界的にみると、じっさいにはたいていの理論的著作が仮定しているよりは、なお遥かに低いのだが。）しかし、そうした統計ではなくて、その労働が何らかの仕方で商品連鎖に組み込まれている人びと全員のことを考えるようにすれば——つまり、事実上、すべての成人女性と未成年および熟年者（少年および老人）の大部分を含めて考えるようにすれば、プロレタリアの比率は激減してしまうのである。

計量をはじめるまえに、もうひとつ考えておくべきことがある。問題は、個々の労働者に「プロレタリア」というレッテルを貼ることが概念操作上有効か否かである。結論的にいえば、そうすることの効果はいささか疑わしい。というのは、史的システムとしての資本主義のもとでは、それ以前のいくつかの史的システムのもとでと同様に、個人は、当座の収入と以前から蓄積してきた資産をファンドとして共有する比較的安定した構造体、つまり世帯《ハウスホールド》(3)という枠組みのなかで生活しているのがふつうだったからである。個々の人間が頻繁に出たり入ったりするために、世帯の境界は絶えず変動するが、だからといって世帯単位で収入と支出の計算をすることが合理的でないということにはならない。何とか生き延びたいと願うひとは、どんなところからのものであれ、あらゆる収入の可能性を考え、それを絶対に避けられない実質支出にあてようとするものだ。かれらは、まず第一に最低限、生き延びることを考える。ついで、少し収入が多くなると、好きなライフ・スタイルを享受しようとする。かれらが資本蓄積者として資本家のゲームに参加するのは、さらに収入が多くなってからである。すべての現実的な目的にとって、活動の主体となる経済単位は世帯なのである。ここでいう世帯とは、一般には親族によって構成される単位であるが、ときにはそれ以外のこともあった。少なくとも、全構成員が親族というわけではなかったケースは、決して珍しくはない。そうした親族以外の構成員はたいてい同居人であったが、商品化がすすむにつれて、そうではない者も多くなった。

労働者階級に対して生産的労働と非生産的労働の社会的区別が押しつけられるのは、こうした世帯構造の文脈においてである。実際上の問題としては、現金収入を得る労働——第一義的には賃金労働——は生産的労働と定義されたのに対し、必要不可欠ではあるが、たんに「自給《サブシステンス》」的な活動にすぎないために、他の誰かが収奪しうるような「余剰」を生み出しているとは言い難い労働は、非生産的とみなされたのである。後者の労働は、まったく商品化されていないか、せいぜい小商品生産——当時のことだから、文字通り小ヽ商品生産——にかかわっていただけのものである。以上のような二種類の労働の区別は、それぞれに特有の役割が担わされた結果、すっかり固定されてしまった。生産的労働(すなわち賃金労働)は、第一に成人男性(父親)の仕事であり、そうでなくても、せいぜい世帯内の他の(より若い)成人男性の仕事ということになった。これに対して、非生産的労働——つまり、自給的労働——は、主として成人女性(母親)の仕事となり、それについで、他の女性たちおよび老人や子供の仕事ということになったのである。生産的労働は、世帯の外にある「職場」で行なわれたが、非生産的労働は世帯内でなされた。

生産的労働と非生産的労働の区分線が絶対的なものでなかったことは確かだが、史的システムとしての資本主義のもとでは、それはごく明瞭かつ決定的なものであった。性別や年齢によってじっさいに分業が行なわれたのは、むろん史的システムとしての資本主義が成立してからのことである。仕事によっては、生物学的な条件や制約——性別についても、年齢についても——があるからというだけの理由でなら、こうした分業はつねに存在してきた、といえよう。家族や世帯の構成員のあいだに上下関係があるというのも、とくに資本主義だけの特徴ではない。それも、遥か以前からあったことである。

史的システムとしての資本主義のもとで新たに生じたことは、こうした分業の習慣が、労働の価値評価と結びつけられたことである。もともと、男は女とは別の種類の仕事をすることが多かっただろうし、成人の仕事と老人や子供の仕事にも差があっただろう。しかし、史的システムとしての資本主義が成立すると、女性労働の評価がどんどん下がってきたのである。子供や老人の場合もまた同じである。これに対して、成人男性の労働に対する評価は、逆にますます上がっていった。他の歴史的社会システムにあっても、男と女はそれぞれ固有の仕事をもっていたが、ふつうそれらの仕事は対等とみられていたのに、史的システムとしての資本主義のもとでは、賃金をもらってくる成人男性こそが「パンの稼ぎ手」として位置づけられ、家事労働に従う成人女性は、「主婦」とされてしまったのである。その結果、全国統計がとられるようになった——そのこと自体、資本主義的システムの産物なのだが——ときには、「パンの稼ぎ手」はすべて経済的にアクティヴな労働力の一員とみなされるが、主婦はそのなかに含まれない、という事態が生じたのである。性差別は、こうして制度化された。すなわち、男・女それぞれの労働に対する評価にこのような基本的な差が生じたことから、ごく自然ななりゆきとして、性による区分や差別のための法的ないし超法規的装置が生まれたのである。

　人生のうち子供ないし青年とみなされる期間が伸びてきているのも、病気でもなく、衰弱もしていない場合でも、老人が労働から「引退」させられてしまうようになってきたのも、ともに史的システムとしての資本主義が生み出した、特有の世帯構造にのみ付随する現象である。かれら老人は、もはや仕事から「あがった」のだとみなされることも多いが、かれらの労働が労働とはいえないもの《ノン・ワーク》と定義しなおされたのだ、という方が正確である。修業的な意味をもつ子供の活動や引退した老人の雑労働は、「趣味」のようなものだとみなされ、馬鹿にされるようになった。かれらの労働は、〔成人男性のやっている〕「本当の」労働の名に値する「苦役」から解放されているのだから、その貢献度は低く評価されて当然、とも考えられてきたのである。

こうした差別は、ひとつのイデオロギーとなって、一方では労働力の商品化を広汎に押しすすめるのに寄与したが、しかし同時に、他方では、その限界を設定する役割をも果たしてきた。たとえば、かりに、「資本主義的世界経済」において実質収入——つまり、あらゆる形態の収入——の半分以上を、外部での賃金労働から得ている世帯がどれくらいあるかを計算してみれば、その数値の低さに一驚を喫するにちがいない。むろん、「資本主義的世界経済」が歴史的発展を遂げるにつれて、この比率は着実に上昇してきてはいるはずなのだが。

この事実は、どう解釈すればよいのか。といっても、それはさして難しいことでもない。賃金労働者を雇っている生産者は、いつでも、どこでもつねに賃金の切り下げを狙っているのだと仮定すれば、賃金労働者がぎりぎり受け容れることのできる最低水準の賃金というのは、当の賃金労働者がその全生涯にわたって身をおく世帯がどんなものか、という点にかかっている。話を簡単にするために、労働の種類も同じで、効率も同じとしておこう。その場合、賃金収入が高い比率を占めている世帯——プロレタリア世帯と呼んでおく——に属する労働者は、賃金収入への依存度の低い世帯——半プロレタリア世帯と呼ぶ——の賃金労働者に比べて、それ以下ではとうてい働けないと思う賃金の下限が、かなり高いところにくる。

受容可能な賃金の最低限界線にこのような差が生じるのは、生存のための経済の論理によって説明される。主として賃金労働に頼っているプロレタリア世帯では、賃金によって自らの生存および再生産のための最低限のコストをカヴァーしなければならなかった。これに対して、収入に占める賃金の比率がそれほど高くない〔半プロレタリア世帯の〕場合には、実質収入が〔労働時間に比べて〕ほんらい要求すべき額よりいささか少なくても、それで現金のかたちで得なければならない収入は確保できるとすれば、がまんして働くことになる。（ちなみに、現金収入が絶対に不可欠だという状態は、しばしば法律によってつくり出されたものである。）この賃金労働を拒否すれば、もっと報酬の少ない労働に従わなければならなくなる、という事情もある。

事情がこのようだとすると、こうした半プロレタリア世帯では、次のようなことが起こったはずである。すなわち、基本的には自家消費のための家内生産、ないしせいぜい局地的市場での販売――むろん、その両方ということもありうる――によって、受容可能な賃金の最低水準を引き下げうるような余剰を生み出していた、ということがそれである。その際、そうした〔非賃金労働的〕活動は、世帯内の他のメンバー――性別、年齢を問わず――によってなされることもあれば、賃金稼得者自身が人生の別の時期に行なうこともあった。こうして、非賃金労働の存在によって、一部の生産者はその労働力をより安価に調達できたし、そのことによってまた、生産コストを引き下げ、利潤マージンを拡大することもできたのである。このような状況を考えると、雇主の側では一般に、自分の雇う賃金労働者が完全にプロレタリア化した世帯よりは、半プロレタリア的な世帯に属していることを望んだのも、異とするには足りない。ここに至って、史的システムとしての資本主義の全史を通して、全地球的な規模で経験的事実を検討してみると、プロレタリア世帯に属する賃金労働者より、半プロレタリア世帯の賃金労働者の方が、その人数からいっても、より正常なあり方であったということに、はたと気がつく。ということは、ここに至って、問題自体が逆立ちしていたことに、突然思い至ることにもなる。プロレタリア化の現象がなぜ生じたかを説明しようとしていたのに、逆に、その現象がなぜこれほど不完全にしか進行しなかったか、を説明する結果になってしまったのだ。したがって、あらためてそもそも何ゆえにプロレタリア化が進行してきたのか、を説明しなおさなければならない。

最初に言っておくべきなのは、世界的なプロレタリア化の現象が、何にもましてまず、企業家層による社会的・政治的圧力の結果として生じたとする説はきわめて疑わしい、ということである。事実はあべこべなのだ。企業家層としては、労働力の完全なプロレタリア化には躊躇すべき要因がいくつかあった。第一に、すでにみたように、ひとつの地域で相当数の半プロレタリア世帯が完全なプロレタリア世帯へ転換したとすると、賃金労働者を雇う雇主にとっては、支払わなければならない賃金の最低水準の実質的上昇を意味する傾向があった。第二に、詳しくは後述することだが、プロレタリア化の進行が政治状況にも影響を与えた、ということがある。その影響は雇主にとって不利なものであり、またその効果が累積的でもあったから、結局は地理的・経済的にもまとまりをもった一地域内での、いっそうの賃金上昇をひきおこす性質のものであった。じっさい、賃金労働者の雇主たちは、プロレタリア化の促進にはまったく熱意を示さず、他方では、性別や年齢による分業を奨励しているばかりか、雇用パターンと政治面での影響力を駆使して、特定の民族集団《エスニック・グループ》を取り出し、これに全体の労働力編成のなかで特定の役割を担わせることにも熱心であった。その際、ここでいう特定の民族集団に与えられる報酬が、他の一般の労働者へのそれとは違った水準のものであったことも、あらためて言うまでもない。エスニシティは文化的な外皮をまとうようになり、半プロレタリア的な世帯構造を固定してしまう。こうしたエスニシティの出現によって、労働者階級が政治的にも分裂したことは、雇用主層にとって思いがけない福音であった。もっとも、かれら雇用主がエスニシティの最大の推進者であったと考えるのは正しくないのだが。

しかし、史的システムとしての資本主義のもとで長期にわたるプロレタリア化の過程がいかにして進行したか、という本題に入るまえに、多様なひとつひとつの生産活動が織りなす商品連鎖の問題に戻っておく必要がある。「市場《マーケット》」というものが、最初の生産者と最終消費者とが出会うところだと思い込むような単純な発想は、この際、捨てなければならない。むろん、いまもこの種の市《いち》の開かれる場所もあるし、歴史的にも、つねにそういう場所はあった。しかし、史的システムとしての資本主義にあっては、この種の市における取引は、取引全体のごく僅かな部分をしか占めてこなかった。大半の取引は、長い商品連鎖の中間のどこかに位置する二人の生産者のあいだで行なわれてきたのである。買い手というのも、自己の生産過程のための「インプット」を買うのである。売り手は、「半製品」を売るわけだが、それが「半製品」だというのは、その商品を最後に直接、私的に消費する人の立場からみてのことであること、多言を要すまい。

このような「直接市場」で価格をめぐって争いが起こるのは、買い手が商品連鎖上それに先行したすべての労働過程から、いくらかずつでも利潤をもぎ取ろうと必死になるからである。この争いが、一定の時間と空間においては需給バランスによって決着されることは間違いないのだが、決してそれだけでもない。というのは、第一に、むろん、需給関係は独占体がかける抑制によって操作される、という事実がある。独占体の暗躍は例外的な現象というよりは、常態的なことである。第二には、売り手は垂直的統合によって、価格を動かすことができた。「売り手」と「買い手」が事実上、結局同一の企業《ファーム》として統合されてしまうと、商品の価格は財務事情その他を考えて、勝手に決めることもできる。このようにして決められた価格は、需給バランスの反映などとはまったくいえない。しかも、「垂直的統合」は、「水平的」な独占と同じく、決して珍しいものではない。そのとくに顕著な実例、たとえば、一六世紀から一八世紀にかけて存在した特許会社や一九世紀の大商会、二〇世紀の多国籍企業などは、よく知られていよう。こうした企業はいずれもグローバルな組織になっており、ひとつの商品連鎖にかんして、できるだけ多くの環をとり込もうとしたものである。しかし、このような大規模なものとは違って、もっと小規模な垂直的統合、たとえば何かひとつの商品連鎖のごく少数の環――ときによっては、たった二つの環――だけを統合したものの方が、さらに広汎に普及していたともいえる。したがって、思い切って次のように言ってもそれほど言いすぎではない、と思われる。すなわち、史的システムとしての資本主義にあっては、「市場」という商品連鎖の結節点があって、そこでは売り手と買い手がはっきり区別でき、両者は互いに対峙するといったかたちよりは、両者が垂直に統合されているかたちの方が、統計的にいえば常態であった、と。

ところで、商品連鎖は地理的にも、あらゆる方向にデタラメにむかっているわけではない。かりに、すべての商品連鎖を地図の上に図示することができたとすると、中心へむかう強い傾向があることがわかろう。つまり、その出発点はいろいろだが、その到達点は狭い地域に集中する傾向にあったのだ。言いかえると、商品連鎖の多くは、「資本主義的世界経済」の周辺部から中心、ないし中核地域へむかう傾向にあった。経験的な事実としては、このことを否定することはまずできまい。したがって、本当の問題は、なぜこういうことになったのか、という点にある。商品連鎖について語ることは、社会的分業の拡大について語ることである。社会的分業は、資本主義の歴史的発展につれて、機能的にも地理的にもどんどん拡大してきたのだが、同時にますます高度なハイアラキー〔ヒエラルヒー〕を構成するようにもなった。こうして、生産諸過程の構造において、空間がハイアラキー化される結果、「生産経済」における中核と周辺への両極分解がどんどん進むことにもなった。この傾向は、（実質所得の水準とか、生活水準といった）分配を基準としてもいえることだが、資本蓄積の地理的分布の点でいっそう顕著である。

この過程がはじまった頃には、地理的な格差はそれほど大きくはなく、地域特化の度合いもたかが知れていた。しかし、資本主義的なシステムにあっては、（生態学的な理由からであれ、歴史的な理由からであれ）いったん生じた格差は必ずしだいに拡大・強化され、定着させられていったのである。この過程でとくに重要なことは、価格決定に力関係が影響したという事実である。むろん、市場取引において、一方の側が武力を利用するのは、とくに資本主義だけの特徴というわけではない。不等価交換は昔からあるやり方である。史的システムとしての資本主義の際立った特徴というのは、それがこの不等価交換を隠蔽《いんぺい》できる方法をもっていた、ということである。じっさい、それはあまりにも上手に隠蔽されたので、資本主義というシステムに公然と反対を唱える人びとでさえ、この不等価交換のメカニズムを組織的に暴きはじめることができたのは、それが作用しはじめて五〇〇年もたってからのことであった。

この重要なメカニズムを隠蔽する決定的な鍵は、「資本主義的世界経済」の構造そのものにあった。つまり、資本主義的世界システムにあっては、経済の場——世界的規模で成立している社会的分業体制で、そこではあくなき資本蓄積にむけて生産の諸過程が統合されている——と政治の場——表面的には、いちおうそれぞれの支配領域内で自主的に政治的決定を行なう責任をもち、その権威を維持するための武力を有する個々の主権国家からなっている——とが、相互に分離しているように見えるからである。史的システムとしての資本主義のもとでは、多少とも重要といえる商品連鎖は、ほとんど国境線を越えて展開されてきた。しかも、最近になってそうなったというわけでもない。史的システムとしての資本主義が成立したそもそもの出発点からして、そうなのである。それどころか、商品連鎖が国境を越えていたという事実こそは、二〇世紀の世界資本主義の特徴であるのとまったく同様に、一六世紀のそれの際立った特徴でもあったのだ。

とすれば、不等価交換はいかにして行なわれたのか。まず最初に、複雑な生産過程に何か（一時的な）不足が生じたり、武力《マニュ・ミリタリ》によって人為的に欠乏がつくり出されたりして、市場内に実質的な地域差が生じたとしよう。そうなると、地域間の商品の流れは次のようになる。すなわち、比較的「不足」していない品目をもっている地域は、反対方向に動く〔不足気味の〕商品に比べて、価格は同じでも、遥かに多くの実質的インプット（コスト)を投じた商品を相手地域に「売る」ことになったのである。したがって、そこで実際に起こったことは、総利潤(つまり余剰)の一部がひとつの地域から別の地域へ移送された、ということである。〔世界システムの〕中核と周辺の関係は、まさにこのようなものである。余剰の一部を失う方の地域は「周辺」と呼ぶことができるし、それを得る方の地域は「中核」と呼んでよい。こうした呼称は、じっさい、経済上の流れ《フロー》の地理的構造を反映していることにもなる。

歴史上、こうした格差を拡大する作用をしたメカニズムをいくつか拾い出すことは、ごく簡単である。ひとつの商品連鎖のなかのどこか二つの環が「垂直に統合」されると、総余剰のうち中核地域へ移送される部分がいっそう大きくなる可能性が生じた。また、中核に余剰が移送されると、それだけこの地域に資本が集中し、機械化をすすめるための基金が、他の地域に比べて得やすくなった。その結果、中核地域の生産者は既知の商品の生産競争で有利になったばかりか、まったく新たな稀少価値のある商品をつくり出して、同じプロセスを再生することができた。

中核地域に資本が集中した結果、相対的に強力な国家機構を生み出すための財政基盤が整ったばかりか、強力な国家機構をつくりあげようとする政治的動機も生まれた。こうして成立した強力な国家機構は様々な機能をもっていたが、周辺地域の国家機構を相対的に弱め、そのままの状態をどこまでも維持する作用も、そのひとつにかぞえられる。しかも、中核地域のこうした強力な国家機構は、そのことによって、〔周辺地域の〕諸国家に圧力をかけて、その支配領域内の人びとが商品連鎖の階梯のなかの比較的下位の仕事にますます専門特化することを受忍させ、ときには積極的に奨励さえさせることができた。他方、〔圧力を受けた〕周辺国家は、比較的低い報酬で働く労働者を利用し、こうした労働者の生存を可能にするような世帯構造をつくり出したり（それを強化したり）したのである。ここに至って、史的システムとしての資本主義は、いわゆる賃金の歴史的水準なるものをつくり出したのであるが、この水準には、問題の労働者が世界システム内のどの地域に属しているかによって、驚異的な格差が生じてきたのである。

ところで、こうした過程は隠蔽されている、と言った。その真意は、現実の商品の価格が、つねに非人格的〔・客観的〕な経済諸力を前提とする、世界市場における交渉によって決まっているように見えるということである。不等価交換を保障するために、個々の取引に際してそのつど、壮大な潜在的武力装置が使われてきた、というわけではない。（むろん、ときどき起こった戦争や植民活動に際しては、この装置が公然と使われたのだが。）むしろ、暴力装置が実際に活用されたのは、これまでの不等価交換の水準がひどく脅かされそうになったときだけである。きびしい政治闘争が終わると、世界の企業家階級は、経済というものはただ需要と供給の関係のみによって動かされているかのように装うことができた。つまり、この「世界経済」がいまの需給バランスに達するまでに、どんな歴史的変遷を辿ってきたのか、また、まさしくこの瞬間にも、世界各地の労働者の賃金水準や実質的な生活水準の「伝統的な」格差を維持するために、どんな暴力装置が〔潜在的に〕設定されているのか、といった問題には目をつぶって済ますことができたのである。

ここまできて、ようやくなぜプロレタリア化が起こったのか、という問題に戻ることができる。個々の企業家の個人的利害と集団としての資本家階級全体の利害とのあいだに、根本的な矛盾があったことはすでに述べた。不等価交換は、集団としての資本家階級全体の利益には奉仕したが、個人的にはそれによって利益を受けることのない資本家も多くいたことも間違いない。したがって、いかなる時点においても、さしあたり直接そこから利益を引き出せなかった資本家は――つまり、他の競争相手ほど利益を得られなかった人びとは――絶えず状況を自分に有利な方向に変えようと試みたものである。

すなわち、かれらは、自らの生産効率を引き上げるか、あるいは政治的影響力を駆使して新たな独占的状況をつくり出すことによって、自らの利益をはかるなどの方法で、市場における競争力をつけようとしたのである。

資本家層内部でのきびしい競争は、いつの場合にも、史的システムとしての資本主義に固有《ディフェレンチア・スペキフィギア》の特質のひとつであった。競争が、たとえばカルテル的な編成によって意識的に抑制されている場合もあったが、そのような行為が可能になったのは、個々の競争者がそれによって自分自身の利潤を極大化できると信じることができたからであるにすぎない。あくなき資本蓄積を前提として成立しているシステムのなかにいる以上は、その構成員としては、長期的に利潤を追求するための〔不等価交換という〕この原動力をぶち壊してしまっては、結局は自滅する以外に道がなかったのである。

こうして、独占行為と競争にむかう諸契機は、いずれも史的システムとしての資本主義にとって現実となる。しかも両者は、つねに対《つい》をなしていることにもなる。こうした状況のなかにあっては、生産の個々の過程を結びつけるパターンはどんなものでも、決して安定したものではありえない。それどころか、いついかなる時点でも、そんなことをすればさしあたり全地球的にはどんな影響が出るか、などということは考えないで、特定の時点に特定のところで成立している既存のパターンを変えることに執心するというのが、互いにしのぎを削っている大多数の企業家たちにとっては、その利益にかなうことであったはずなのである。アダム・スミスの「見えざる手」は、「市場」が個人の行動を制約しているという意味でなら、疑いもなく作用しているのだ。しかし、そこから飛躍して、史的システムとしての資本主義が、結局は安定した調和に行きつくはずだなどと予想するとすれば、それはまことにおかしな見方といわなければならない。

これもまた、経験的事実の観察からすれば、結果は調和ではなく、システム全体の発展と停滞の繰り返しであったように思われる。この循環がもたらす変動の意味があまりにも大きく、また規則的でもあるので、それがこのシステムに固有の特徴であると信じないわけにはいかない。たとえて言えば、それは資本主義という生きものにとっての呼吸メカニズムのようなもので、血液浄化作用をもつきれいな酸素を吸い込み、汚れた空気を吐き出すのである。いつの場合もたとえ話は危ないものだが、この場合はいかにもぴったりくるように思われる。すなわち、ここでいう汚れた空気とは、先に述べた不等価交換の過程を通じて徹底的に被い隠され続けてきた経済上の非効率性の溜り滓《かす》なのである。また、酸素のもつ浄化作用とは、商品連鎖を周期的に構成しなおすだけでやれる資源配分の効率化――いっそうの資本蓄積を可能にするという意味での効率化――のことである。

ますます多くの企業家たちが、商品連鎖のなかのより儲けの多い結節点を握ろうとする結果、偏った投資が行なわれ、いわゆる過剰生産――いささか誤解を招きやすい表現だが――が、ほぼ五〇年ごとくらいには起こってきたといえる。こうした投資の偏りをただす方法は唯ひとつ、枡《ます》に入れた穀物を揺《ゆ》するように、生産システムを揺り動かして、より均等な資源配分を達成することしかない。しかし、そうすると、まわりに零《こぼ》れる量も膨大なものになる。このことは、そのたびに商品連鎖のなかでもとから最も混み合ってきた環の部分に、企業活動がいっそう集中することを意味した。またそれは、一部の企業家や労働者の排除をも意味した。つまり、労働者でいえば、廃業をする企業家のもとで働いていた者と、単位あたりの生産コストを引き下げるためにいっそうの機械化を行なう企業家に雇用されていた者とが、ともに排除されてしまうことを意味したのである。このような変化によって、企業家は商品連鎖のより低い階梯に経営を「降格させる」ことが可能になった。そうなると、投資ファンドや投資努力を、商品連鎖のなかでも革新的な環に向けることもできた。しかも、こうした革新的な分野は、まだ比較的インプットが「稀少」であるだけに利潤も高かったのである。商品連鎖の階梯における特定の過程が「降格」されると、地理的にもまた、一部に配置転換が起こることが多かった。むろん、これが起こる主な原因は、より低い労働コストに惹かれて、産業が移動するということである。むろん、その産業が入り込んで行った地域の側からみると、新産業はふつう関連部門の労働者層にとって、賃金水準の上昇をもたらしたことも事実なのだが。ともあれ、まさしくいま現在も、自動車、鉄鋼、エレクトロニクス産業などにおいては、世界的規模でこうした大配置転換が起こっている。しかし、この配置転換の現象は、史的システムとしての資本主義のそもそもの出発点からの特質だったのである。

こうした配置転換がもたらした結果は、大きくいうと三つあった。第一にそれは、絶えず「資本主義的世界経済」そのものの地理的再編を引き起こす。しかし、商品連鎖は五〇年前後を周期として、かなり根本的に再編されてきたものの、商品連鎖のハイアラキー的構成そのものは、一貫して維持されてきた。特定の生産過程がこの階梯を下降し、別の新しい過程が頂点に挿入されるということもあった。その結果、ひとつの地域をとると、そこにある生産過程は、絶えずハイアラキーの階梯を上がったり下がったりしているということになる。だから、ひとつの商品はいわば「生産物のサイクル」をもっていた、ということもできる。つまり、当初は中核地域の生産物としてスタートした商品が、結局は周辺の生産物となって終わるのである。さらに、他の地域に比べた場合の地域住民の生活水準も、こうした一連の変化に伴って上下に変動してきた。しかし、こうした転換を「発展」と呼ぼうというのであれば、まず第一に、このシステムにおける全世界的な規模での両極化が、それによって緩和されたことを証明しなければならない。しかし、経験的にいえば、そんなことはまず起こらなかったようでもある。むしろ、歴史を通じて両極化は進行してきている、というべきであろう。とすれば、こうした地理的配置転換や生産物の転換は、まったく循環的なものであったというべきかもしれない。

しかし、上述の配置転換によってもたらされた結果には、もうひとつまったく別の側面もあった。「過剰生産」という用語がいささか誤解を招きやすいことにはまえにもふれた。しかし、この言葉はまた、資本主義的システムの鍵をなす主要生産物にかんして、世界市場における有効需要が不足することから、絶えず直接のディレンマが生じるのだという事実に注意を喚起してくれもする。労働者層の利害が一部の企業家のそれと一致することがあるのは、まさにこうした状況のもとにおいてである。労働者は、つねに経済的余剰のうちの自己の取り分を増やそうと努めてきたが、このシステムが経済的に衰退の局面に入ると、かれらが階級闘争に走るべき直接の動機が強まり、その機会も増えることが多かった。労働者階級にとって、実質所得を増やすもっとも効果的で、直接的な方法のひとつは、かれら自身の労働をさらにいっそう商品化することであった。かれらはしばしば、従来は世帯内で展開されてきた生産過程のうち、ほんの僅かな収入にしかならない部分を賃金労働に置きかえようとしてきた。とくに各種の小商品生産は、賃金労働に置きかえようとした。プロレタリア化の背後にあった大きな力のひとつは、ほかならぬ世界の労働者層そのものだったのである。完全にプロレタリア化した世帯よりも、半プロレタリア的な世帯の方が遥かに厳しく搾取されることを、かれらは十分に理解していたのだ。しばしば労働者の味方だなどと自称しているインテリよりも、かれら自身の方がそのことをよく知ってさえいたのである。ほかでもない不況の時代になると、次のようなことが起こってしまう。すなわち、ある程度は労働者層からの政治的圧力に対応して、またある程度は、生産関係の構造変化によって競争相手である他の仲間《オウナー・プロデューサー》たちに対し、自分が有利な立場に立てるだろうと自ら信じた一部の資本家＝生産者《オウナー・プロデューサー》が、生産の場でも政争の場でも協力しあって、特定の部門における労働力の一部についてはいっそうのプロレタリア化を推進しようとするのだ。プロレタリア化が、長い眼でみると「資本主義的世界経済」の利潤率を下げる役割を果たしてきたのだとすれば、そもそも何ゆえにそんな過程が進行したのか、という疑問も湧こうが、この疑問を解く鍵はまさしく右のような過程のなかにある、といえよう。

技術革新というものは、史的システムとしての資本主義を動かすモーターというよりは、それが生み出す結果だという方が当たっている。しかし、この〔技術革新という〕過程もまた、同じような文脈のなかで検討しなければならない。じっさい、主要な技術「革新」は何よりもまず、儲けのきわめて多い、新しい「稀少」生産物の生産にかんして起こり、それについで労働節約的な生産過程の創出に向けられてきた。それは、循環の下降局面への対応策であり、資本蓄積の過程を促進するために、「発明」を現実の生産過程に利用することをも意味していた。こうした革新が、しばしば現実の生産組織に影響を与えたことは間違いない。歴史的にいえば、それが多くの労働過程の集中――工場制度とか流れ作業とか――を促進してきたことも間違いない。しかし、変化というものは、とかく過大視されがちなものでもある。裏面で同時に進行している分散化の過程を無視して、物理的な生産作業の集中傾向ばかりが強調されすぎてきたこともまれではない。

この議論の正しさは、繰り返し繰り返し起こってきた上述のような配置転換から生じた第三の結果を考えると、いっそう明確になる。すでにみた二つの結果からすると、どうしても説明しなければならない矛盾がひとつあることがわかる。すなわち、一方では、史的システムとしての資本主義のもとでは、つねに分配の両極化が進行し、資本蓄積がますます集中してゆく傾向がある、と言ってきた。しかし、それと同時に、緩慢ではあるが着実なプロレタリア化の過程が進行しているとも言い、これが利潤の水準を押し下げてきたことは事実だとも主張してきたからである。しかし、この問題に対しては、前者の過程の方が後者のそれより強力だっただけだと言っておけば、ごく簡単に解決できるし、それも間違いというわけでもない。それに加えて、プロレタリア化の進行によって、利潤率はたしかに低下してきたのだが、次に見るように、これとは逆方向に作用するもうひとつのメカニズムによって、十分相殺されて余りがあったという事実をも指摘しておくべきであろう。

史的システムとしての資本主義について、もうひとつ容易に観察できる経験的事実は、その地理的範囲が時間の経過に伴って絶え間なく拡大してきた、ということである。この点でも、その過程自体の進行ペースの変化が、過程そのものを説明する絶好の手がかりとなる。新たな地域が史的システムとしての資本主義の社会的分業体制に組み込まれる過程は、いっきょに起こったのではない。じっさい、それは周期的に急進展するのである。むろん、それぞれの周期の膨脹には、それぞれに限界もあったのだが。史的システムとしての資本主義の技術水準の上昇が、こうした周期的膨脹の一因であった。すなわち、輸送・通信・軍備の改良によって、中核地域からますます遠く離れた地域をシステム内に取り込んでも、それほど高価にはつかなくなってきたのである。しかし、こうした説明では、せいぜい問題の過程が進行する必要条件が明らかにできるだけで、その十分条件にはならない。

資本家が、自分の行なう生産の利潤を実現するための新たな市場をつねに求めているので、こうした膨脹が起こるのだ、というひともある。しかし、このような説明は、まったく史実に合わない。史的システムとしての資本主義の外側にある地域は、概していえば、資本制的生産物の積極的な買い手ではなかったからである。これらの地域は、自らの経済システムをもっていて、その限りでは、そうした商品を「必要」としなかったということもある。それに、そんなものを買うカネがないということも、しばしばあった。むろん、例外はあったが、大雑把に言って、外部の生産物を求めたのは資本主義世界の方で、その逆ではなかった。どこかある地域が軍事的に征服されると、資本主義的企業家は決まって、そこには本当の市場が成立していないと嘆き、植民地政府を通じて、〔自分の商品への〕「嗜好《テイスト》を創り出そう」としたものである。

したがって、資本家が市場を求めたことにシステムの地理的膨脹の原因を求めるのは、まったく無理である。低コストの労働力を求めてそうなったのだ、という方がまだしも説得的である。ある地域が新たに「世界経済」に組み込まれる場合、その地域の労働者が受けとる実質的な報酬は、この世界システムにおける実質賃金の階梯のなかで最低の水準を記録することになるというのが、じっさい、これまでの歴史の通則であった。そうした地域では、労働者の世帯が完全にプロレタリア化されることはまずなかったし、第一、そんなことは歓迎されもしなかったのである。それどころか、植民地諸国の政策――公式に植民地化されないで、世界システムに組み込まれ、再編された半植民地国家の政策もそうだ――は、ほかならぬ半プロレタリア世帯の出現を促進することをめざしていたように思われる。なぜなら、半プロレタリア世帯こそは、賃金水準の最下限を押し下げることを可能にするものだからである。典型的な国家政策は、次のようなものであった。すなわち、一方では、徴税機構を利用して、すべての世帯をしていくらかの賃金収入を確保せざるをえないように仕向けながら、他方では、労働力移動を制限したり、世帯構成員の別居を強制したりすることで、完全なプロレタリア化の可能性はあまりないようにしてしまう、というのがそれである。

以上の分析に、いまひとつの観察の結果を付け加えて考えれば、世界システムの地理的拡大が、半プロレタリア的な状態にとどまるべき運命にある新たな労働力をもたらすことによって、〔旧来の地域の労働者の〕プロレタリア化の進行に伴う利潤率の低下傾向を緩和する意味をもったことは、いっそう明確になる。ここでいう、いまひとつの観察結果とは、新たな地域が資本主義的世界システムに組み込まれるのは、「世界経済」自体の停滞局面においてであった、という事実である。こうして、先に述べた、一見して矛盾しているようにみえた問題は氷解した。プロレタリア化が両極分解に及ぼした影響は、少なくともこれまでのところは、新たな地域が世界システムに編入されたという別の事実が及ぼす逆方向への衝撃によって相殺されてなお余りがあったのだ。こうして、工場制度のようなかたちで行なわれる労働過程が全体のなかで占める比率は、ふつう主張されるほどには上昇しなかったといえよう。なぜなら、分母にあたるシステム全域の総労働者数が着実に増大していったからである。

これまでのところは、狭義の経済の分野に限って、史的システムとしての資本主義がいかに作動するかの分析に多くのページを割いてきた。ここまできてはじめて、資本主義が何ゆえに歴史的社会システムとして出現したのか、を説明することができる。むろん、このことは、しばしば言われているほど簡単なことではない。資本主義というものは、その擁護論者がときとして主張しようとしてきたような、「自然な」システムなどではまったくない。史的システムとしての資本主義は、明らかに馬鹿げたシステムなのである。そこでは、ひとはより多くの資本蓄積を行なうために、資本を蓄積する。資本家は、いわばくるくる回る踏み車を踏まされている白ネズミのようなもので、よりいっそう速く走るためにつねに必死で走っているのだ。その過程では、よい暮らしをしている者もあれば、惨めな暮らしを余儀なくされる者もあることは間違いない。しかし、よい暮らしをしている人びとにとっても、どこまでその生産水準を上げ続けてゆけるというのだろうか。また、いつまでそんなことが続けられるというのだろうか。

この点は、考えれば考えるほど、私には馬鹿馬鹿しく思えて仕方がない。というのは、世界の人口の大部分は、客観的にも、主観的にも、もっと以前の史的システムのもとにあった時代と比べて物質的にさえ恵まれていないと思えるし、それればかりか、後述するように、政治的にもかれらは以前ほどには恵まれていないと信じられるからである。われわれは誰しも、資本主義という現下の史的システムが流行らせた自己弁護のためのイデオロギーである進歩史観にどっぷり浸っているので、このシステムが歴史的に生み出してきた大きな負の要因については、認識することさえ困難になっているのである。カール・マルクスほど強硬な資本主義批判者でさえ、それが歴史的には進歩的な役割を果たした点をひどく強調しすぎている。私はこのような説を信用しない。むろん、「進歩《プログレシヴ》」という言葉が、ただ単に歴史上あとから生じた事象で、それより前に生じていた事柄によってその起源が説明できるようなもの、を指すにすぎないというのなら話は別なのだが。史的システムとしての資本主義のバランス・シートはおそらく判定するのが難しいだろうが、生産されたモノの分配やエネルギーの分配の点では、さしずめまったく否定的な結果しか出てこない、と思う。

しかし、仮にそうだとすれば、そんなシステムがどうして勃興したのか。おそらくまさに、上述の事実そのものがこのシステムの目的だったのである。ひとつのシステムがなぜ勃興したのか、ときかれて、じっさいに達成されたことがわかっている目標を、それはもとからめざしていたのだ、と答えるくらい見事に説得力のある説明はほかにあるまい。むろん、近代科学は究極の原因なるものを探したり、当初から何かが意図されていたように仮定したりすることを拒否する方向にある――とりわけ、こういうことは実証的に証明しようとしても、まったく不可能である――ことを知らないわけでは毛頭ない。しかし、近代科学が史的システムとしての資本主義と密接な関係を保ちながら発達してきたことも周知のとおりである。とすれば、まさしくこの問題――近代資本主義の諸起源を解明する方法の問題――については、科学がいったい何ほどの威力を発揮しうるのか、あやしんで然るべきである。したがってここでは、この種の議論のための実証的な基礎を拡げようとするより、史的システムとしての資本主義の起源を歴史的な観点から、ごく簡単に説明するにとどめる。

一四、五世紀の世界では、ヨーロッパが社会的分業の結節点になっていた。つまり、ヨーロッパは、世界の他の諸地域との比較でいえば、生産力、史的システムの結合力、知識の相対的水準などの点で、ちょうど中間的な位置にあった。最も原始的な地域というわけでもなければ、最先進地域でもなかったのである。文化的にも経済的にも、ヨーロッパで最も進んだ地方から来たマルコ・ポーロでさえ、アジアへの旅で遭遇した事物には完全に圧倒された、という事実を想起すべきである。

封建ヨーロッパの経済機構は、この時代にきわめて根底的で内発的な危機を経験しており、その社会構造そのものが基礎から揺り動かされはじめていた。支配層は大規模な相互破壊を繰り返していたし、(その経済構造の基礎となっていた)土地制度も弛緩しはじめていた。土地の分配が、これまでに比べて遥かに平等なかたちに再編されつつあったのである。そのうえ、小規模な自営農民《ペザント・ファーマー》が、生産者としてきわめて効率のよいものであることを証明しはじめてもいた。政治機構は全体に脆弱化しつつあり、政治権力を有する支配層内部で、共倒れを結果するような政争が繰り返されたという事実は、勃興してくる民衆の力を抑え込もうとしても、もはやそのための時間はあまり残されていないことを意味していた。イデオロギー上の接着剤としてのカトリシズムの機能も、まわりからの圧力が強くなっていささかあやしくなっており、教会のど真中でも平等主義の運動が生まれたりさえしていた。万事が崩壊に向かっていたのだ。ヨーロッパがこのまま手をこまぬいていたとすれば、高度に構造化された「諸階層」のシステムをもった中世的・封建的なヨーロッパのパターンが再強化されえたとは、とても思えないほどである。むしろヨーロッパ封建社会の構造は、相対的に平等な小規模生産者からなるシステムに転換し、貴族を没落させてますます平等化し、政治機構を分権的にしただろうというう方が納得しやすいくらいなのである。

後者のようになっていたらよかったのか、悪かったのか。誰にとってよく、誰にとって都合が悪かったのか。そのようなことは机上の空論であり、あまり興味も湧かない。ただ、そういう可能性があるということで、ヨーロッパの上層部が戦慄し、おののいたことは明らかである。かれらにとっては、イデオロギーの防具も崩れはじめていたから、なおさらである。誰かが意識的に試みたなどということでは毛頭ないが、一四五〇年のヨーロッパと一六五〇年のそれを対比すれば、この間に次のようなことが起こったことは見やすい。すなわち、一六五〇年までに、歴史的に生き延び、成長しうる能力をもった社会システムとしての資本主義の基本構造が確立し、強化された。報酬の平等化に向かう傾向は、決定的に逆転してしまい、上層部は政治的にもイデオロギー的にも、ふたたび支配権をがっちり固めてしまった。じっさい、一四五〇年に社会の上層部を形成していた家系と一六五〇年のそれのあいだには、かなり強い連続性が認められもした。そのうえ、一六五〇年の上流家系のかわりに、一九〇〇年のそれをもってきてもなお、一四五〇年のそれとのあいだでほとんど同じことが言えるかもしれないのである。この傾向がかなりはっきりと変化するのは、後述するように、この史的システムとしての資本主義が四〇〇年ないし五〇〇年にわたる繁栄の時代を過ぎて、結局、構造的危機に陥った二〇世紀になってからのことであるにすぎない。

誰かが意図してそうなったというのでは毛頭ないが、資本主義がひとつの社会システムとして誕生したことによって、上層部が怖れていた傾向は逆転し、そのかわりに、かれら自身の利益に遥かによく沿うような傾向が確立したことは、紛れもない事実である。これは不条理なことであった、というべきであろうか。この新しい傾向の犠牲となった人びとにとっては、間違いなくその通りであったことになろう。

訳　註

(1)「商品化 commodification」とは、ほんらい社会的関係であったものを商品関係に転化させ、したがって、「市場」で取引できるようにすることである(原著者より訳者への私信)。

(2)「固定された労働 fixed labor」とは、以下の行論から明らかなように、自由な契約に基づかない労働のこと。

(3)「世帯 household」とは、長期的にいろいろな種類の収入を共有する人びとの集団であり、必ずしも親族とは限らない。つまり、「家族《ファミリ》」と同義ではない。また、世帯構成員は必ずしも同居しているとは限らない(原著者より訳者への私信)。なお、次を参照。J. Smith & I. Wallerstein, eds., *Households and the World-Economy*, Sage, 1984.

II

資本蓄積の政治学——利益獲得競争

際限のない、それ自体が自己目的化した資本蓄積をめざすなどということは、一見したところ、社会的には無意味なように思われる。しかし、それが長い眼でみると結局は社会の利益につながると主張して、これを正当化する弁護者がつねに存在してきたことも事実である。かれらが主張する社会的利益なるものがどの程度現実的なものであるかは、のちに検討するとしよう。しかし、社会全体にとっての利益とはまったく別に、資本蓄積が多くの個人(ないし集団)による消費を激増させる可能性をもたらしたことは明白である。消費の増加が本当に消費者自身の生活状態の改善を意味したといえるかどうかも問題ではあるが、それはまったく別の話でもあり、もっと先に行って検討すべきことである。

したがって、まず最初に問われるべきことは、さしあたり個人的に直接の利益を得たのは誰か、ということである。(個人としてであれ、集団としてであれ)一目瞭然たる利益が目のまえにあるときに、これを奪い合うのはやり甲斐のあることだと思い込むのはたやすいことで、逆に、こうした消費が長期的にはどんな利害をもたらすだろうかとか、それが生活状態をどのように変えるだろうかなどといったことを、思い煩うようなひとはまずいないものだ。じっさい、史的システムとしての資本主義の内部で起こる政争は、いつでもこうした目前の利益が焦点となって展開されてきたのである。史的システムとしての資本主義が物質主義的な文明だというのは、まさにこのことを指しているのである。

物質的な次元でいえば、トップに立つ人びとの得る報酬が大きかったばかりでなく、トップと底辺での物質的報酬の差もまた大きく、全体としてのこの世界システムのなかでのその差は、ときが経つにつれて拡大する一方であった。ただ、報酬の配分がこのように不平等化する経済上の理由については、すでに論じた。したがって、以下、この経済システムのなかにあって、人びとがどのようにして自己の利益をはかり、他人にはそれを拒もうと苦心したか、という点に絞ってみてゆきたい。また、こうした不平等な分配の犠牲となった人びとが、まず第一に、現に作動しているこのシステムのなかで自らの損失をいかに減らし、さらにすすんで、これほど明白な不公平を生み出すシステムをどうして変革するか、といった問題にどのように取り組んだかをも検討すべきであろう。

史的システムとしての資本主義にあっては、人びとは――あるいは人びとの集団は――、どのようにして政治闘争を展開したのか。政治とは、ラフないい方をすれば、権力関係を自己の利益につながる方向に変えようとする行為であり、そうすることで、社会的諸過程にも新たな方向づけをすることである。それが成功するかどうかは、最小限のインプットで最大限の成果をあげうるような変革のテコを見つけ出せるかどうかにかかっている。史的システムとしての資本主義の構造からいって、政治を動かすもっとも有効なテコは国家機構であった。ここでいう国家機構こそは、史的システムとしての資本主義が生み出したもっとも重要な制度のひとつなのである。とすれば、国家権力の掌握ないし必要とあればその強奪こそが、近代資本主義の歴史を通じてあらゆる政争の主役たちから、もっとも重要な戦略目標とみなされてきたのも決して偶然ではない。

このシステムが実際にはどのように作動するのかを仔細に見ようとすると、経済過程にとって国家権力――いかに狭義に解釈するにしても――が決定的に重要な意味をもっていることは歴然としている。国家権力の第一の、もっとも基本的な要素は領土の支配権である。国家には国境があった。国境は、なかばその国が法によって宣言することによって、またなかばは他の諸国が外交的にこれを承認することによって、合法的に決められていた。むろん、国境紛争はありえたし、じじついつでもあった。つまり、国境を合法的に決めるといっても、それぞれの国が別々の根拠に基づいて勝手な主張をして争う、というようなことが起こったのである。こうした見解の食い違いは、最終的には裁定によるか、または力ずくで解決され（結局、その結果が黙認され）てきたといえよう。一世代以上も続く国境紛争はめったになかったが、なかには長期にわたって潜在化した例も少なからずある。とはいえ、決定的に重要なことは、どちらの側でも、こうした紛争は究極的には解決される可能性があるし、じっさい解決されるだろうという確信を持ち続けてきたという事実である。つまり、近代の国家システムにあっては、支配権の及ぶ範囲が恒久的に、しかもあからさまに重なっているという事態は、概念そのものからして絶対に許容されない、ということだ。つまり、主権の概念は、アリストテレスのいわゆる排中律[(1)]に基づいていたのである。

この哲学的・法学的な教義によって、国境を越える〔人やモノの〕動きを管理する責任が、ある国の中にあるのか外にあるのかを決定することが可能になった。どんな国でも、自国の国境にかんしては、それを越えて出入りする商品や資本や労働力を管理する公式の権利を与えられた。こうなると、各国は「資本主義的世界経済」における社会的分業の展開の仕方に、多少とも影響を与えることができるようになったのである。そのうえ、いずれの国も、自国の国境を越える生産要素の流れを管理する法規をちょっと変えるだけで、これらのメカニズムに影響を与えることができるようにもなった。

こうした国境管理のあり方は、規制がまったくない状態――自由貿易――と、逆に、自由な動きがまったく認められない状態――自給体制――とを両極とする座標軸の観点から論じるのがふつうである。じじつ、たいていの国のたいていの時期における政策は、この両極端の中間にあったということができる。それに、商品の動きに対する政策と、貨幣や資本の移動に対する政策、および労働力の移動にかかわる政策は、それぞれに違っているのがふつうでもあった。一般に、労働力の移動は、商品や資本の移動に比べると、遥かに厳しく制限されてきた、といえよう。

商品連鎖のどこか特定の位置にいる生産者の眼からみれば、世界市場内で同じ商品を生産している他の生産者に対して十分な経済的競争力を維持できる限りは、移動の自由は望ましいものであった。しかし、この条件が満たされない場合には、競争相手となる生産者がいくつかの国境線で制約をうけ、コスト高に陥ってくれることで、ほんらいなら比較的効率の悪い生産者も利益を得ることができたのである。したがって、ある商品の生産者が大勢おり、しかもそのうち大半の生産者はごく一部のそれより生産効率が劣るような市場では、当然ながら、国境を越える物資の流れには重商主義的制約をかけろという圧力が常時作用してきた。しかし、他方では、少数派の方も富裕で権力を握っていただけに、逆に国境の開放を求めるかれらからの圧力も、つねに作用してきた。というよりは、かれらは特定の国境だけを開放せよという圧力をかけてきた、という方がもっと正確であろう。こうして、最初の大政争——激烈で果てしのない政争——が、諸国の国境政策をめぐって発生した。さらに、特定の生産者集団、とくに強力で大規模な経営をしている者は、自らの経済的基盤を置いている国——自分自身がその国の国民であろうとなかろうと——の国境政策によって影響を受けただけではない。他の多くの国々の国境政策によっても、直接影響を受けたのである。だからこそ、ほんらい経済活動を行なっているはずの生産者たちも、同時にいくつかの、というよりきわめて多数の国家において、政治的な目標を追求することに執心してきたのである。政治活動の範囲を自国内に限定するなどということは、自己目的としての資本蓄積を追求している人びとにとっては、まったく話にならないことであった。

むろん、何が国境を越えてもよいもので、何がいけないのか、また越えてもよいといっても、どういう条件の下でか、といった問題についての規制を変更するひとつの方法は、じっさいの国境そのものを変えてしまうことである。具体的には、一国が他国を完全に併合するケース——合併、編入、植民地化などの形態をとる——もあろうし、領土の一部を占領することもあろう。また逆に、分離や植民地の独立によって国境が変わることもあろう。国境の変更が、「世界経済」における社会的分業のパターンにただちに影響を与えるという事実こそは、国境変更の推進派と反対派のいずれもが、もっとも強く意識してきたことである。国民とは何かという定義をめぐってイデオロギー上の動員をかけることで、国境変更は容易にもなれば難しくもなりえたのだが、この事実こそは、ナショナリストの運動に直接的な経済上の意味を与えた。というのは、運動への参加者たちもそれ以外の人びとも、予定されているような国境変更が成功すれば、それに続いてある種の政策が国家によって展開されるだろうと予想したからである。

国家権力が史的システムとしての資本主義の動向に深いかかわりをもつ第二の要因は、自国領内における社会的生産関係を支配する規則を決めるのは、国家に固有の法的権利だという点にある。近代の国家機構は、伝統的な生産関係をなくしたり、改変したりすることのできるこの権利を、完全に掌中にしてしまった。法律上の問題としては、国家は自ら設定した制約を別にすれば、無限の立法権があると主張してきた。国によっては、宗教上の教義や自然法の理論からする制約を認めるかのように憲法でうたっている場合もある。しかし、その場合も実際には、そうした教義や理論を解釈する権利は、憲法で指定した団体ないし個人に留保されているのである。

ここでいう労働管理の様式を決める権利というのは、決してたんなる机上の空論ではない。国家は絶えずこの権利を行使してきたし、それもしばしば、既存のパターンを根本的に変えてしまうようなやり方をしてきたのである。当然のことながら、史的システムとしての資本主義のもとにおいては、国家は、労働者がある種の雇用から別のそれへ移動するのを抑制してきた様々な慣習的装置を廃止することによって、労働力の商品化を促進する政策をとってきた。さらに、国家が労働者層に対して現金による租税納入義務を課したが、このことが一部の労働者をして賃金労働に従うことを余儀なくさせることもしばしばであった。しかし、他方では、すでにみたように、国家はその立法行為によって、逆に、労働者が完全にプロレタリア化することは阻止しようとすることも少なくはなかった。すなわち、労働者の居住地を制限したり、親族集団はその構成員に対してある種の互助義務を有すると主張したりしたのである。

国家は、生産関係をコントロールした。たとえば、一度は合法だと主張した特定の形態の強制労働——奴隷制、公的義務労働制、年季奉公契約など——を、のちには非合法化してしまったりもした。国家はまた、契約が履行されることを保障し、相互の義務の最低限度と最高限度を規定するなど、賃金労働契約にかんするルールをもつくり出した。国家はまた、国境を越える場合はもとより、国境内部にかんしても、労働力の地理的移動の限界を決定した。

こうした国家の政策はどれをとっても、それが資本蓄積にとってどういう意味をもつか、という観点から決定されたものである。このことは、立法や行政にかかわる政策選択をめぐって闘わされた無数の論争の記録をひもとけば、簡単に証明できる。そのうえ、国家は、こうした規制に反対する集団、とくに労働者集団にこれを押しつけるために、つねにかなりのエネルギーを使ってきた。法的規制を無視して行動をした労働者が咎められずに済むことはめったになかった。それどころか、労働者の反抗は、個人的なものであれ集団によるものであれ、防衛的なものであれ攻撃的なものであれ、それを待ち構えていたようないっそう抑圧的な回答を、国家機構から受けるのがふつうであった。確かに、組織的な労働運動が成立すると、やがて国家のこうした抑圧行為に一定の枠をはめることが可能になったし、規制をいくらか労働者に有利な方向に着実に修正させることもできるようになった。しかし、労働運動がそうした成果をあげえたのも、主としては国家機構内の政治的構成を変えることを通じてであった。

国家権力の第三の要素は、課税権であった。租税というものは、決して史的システムとしての資本主義の発明物ではない。それ以前にあった様々な政治体制も、国家機構のための収入源として、租税制度を利用した。しかし、史的システムとしての資本主義は、次の二つの点で、租税のあり方を大きく変えた。すなわち、ひとつには、このシステムのもとでは、租税が国境の内・外にいる人間からの——諸外国からの徴発を含む——臨時の強制徴発に比べて、国家収入の主要な——じっさい、圧倒的な——、しかも経常的な源泉になった。いまひとつには、「資本主義的世界経済」の歴史を通じて、生産された価値の総量や蓄積された価値の総量のなかに占める租税の比率が着実に上昇していった、という事実がある。このことは、国家がますます多くの資産を握って、しだいにその重要性を増していったことを意味する。というのは、こうした資産によって、国家は資本蓄積を促進することが可能になったのだし、またこれらの資産そのものも結局は分配されて、直接・間接にいっそうの資本蓄積に組み込まれていったからである。

租税は国家機構そのものに人びとの敵意を集中させ、抵抗をひきおこす元凶となった。それは、いわば他人の労働の成果を収奪する姿なき悪漢とみなされたのである。ただし、絶えず心に留めておかなければならないのは、何か特定の課税を推進するように圧力をかける人びとが、政府の外にいつもいたということである。というのは、そうした特定の租税が直接かれらに再分配されることが予想されたり、政府の課税行為がいわゆる「外部経済」を生み出して、かれらの経済的立場をよくすることが予想されたりしたからである。あるいはまた、その課税によってほかの人びとが損失を被り、結局かれらが経済的に有利になるだろうと考えられたこともあろう。要するに、課税権こそは、他の集団を犠牲にして特定の集団による資本蓄積過程を援助する、もっとも直接的な手段であったのだ。

国家の再分配機能は、これまでのところは、平等化の可能性の問題としてしか論じられてこなかった。つまり、福祉国家の問題としてばかり論じられてきたのである。しかし、実際には、再分配機構は実質収入の補塡などのためよりは、むしろ分配の格差を拡大するメカニズムとしてこそ、遥かに広汎に利用されてきたのである。既存の資本主義的市場の作用によってすでに生じていた格差に輪をかけて、報酬の格差をいっそう拡大させることになったメカニズムは三つある。

第一に、政府は徴税行為によって巨額の資本を集め、それを公的な援助のかたちをとって、すでに巨大な資本をもっている個人や集団に再分配してきた。こうした援助は、たいていは公共のためのサーヴィスへの見返りだというあまり説得力のない口実のもとに、ほとんどあけっぴろげな交付金そのものとなってきた。つまり、そこで口実に使われているサーヴィスに比べれば、まったくの過剰支払いといってよいものになっているわけだ。しかし、それほど直接的ではない形態をとることもなかったわけではない。たとえば、いずれはおそらく販売利潤があがって償却できると思われる生産物の開発コストを国家が負担し、この高くつく開発段階が完了したとたんに、名目だけの価格でこの活動を政府外の企業家に払い下げるような方法がそれである。

第二に、政府はまったく合法的で、正当な徴税というチャネルを通じて、巨額の資本を集めることができたのだが、この場合の徴税行為は、まともとはいえないが、さりとて何の制約もうけずに公共の資金を大規模に横領できる方法として食い物にされていった。こうした公収入の横領こそは、これと関連した不正な私的徴税行為とともに、史的システムとしての資本主義の全過程を通じて、私的資本蓄積の主要な源泉であったといえよう。

第三に、政府はまた、利潤は個人のものとしながらリスクは社会の負担とするという原則を振りかざして、富者に多くの資本を再分配した。資本主義的世界システムの全史を通じて、リスクが大きければ大きいほど――したがって、損失が大きいほど――政府が乗り出して〔私企業の〕破産を防ぎ、金融の大混乱は避けるべきだと称して、損失を補償しさえする傾向が強かったのである。

こうした不平等な分配行為は、国家権力の恥ずべき側面であった――その証拠に、政府は自らのこうした行為にいささか当惑し、絶えずこれを隠蔽しようと努めてきた――が、他方、政府のもうひとつの機能である社会的間接資本の供給の方は、大いに誇示されてきた。それどころか、それこそが史的システムとしての資本主義を維持してゆくうえでの、国家のもっとも重要な役割であるとさえいって弁護されてもきたのである。

資本家でもある生産者の多くのグループにとって、コスト削減に決定的な意味をもつ支出、すなわち、「世界経済」の基礎エネルギー、輸送および情報伝達のための設備などは、主として公共資金によって開発され、維持されてきた。むろん、こうした社会的間接資本からは、ほとんどのひとが多少とも何らかの利益を得てきたことは事実である。

しかし、すべての人間が、そこから等しい利益を得てきたとはいえないことも明らかである。すでに大資本をもっている人びとの方が、そこから得られる恩恵には圧倒的に浴するのに、それに要するコストの方は、それより遥かに平等な課税制度によって支払われてきたのである。したがって、社会的間接資本の形成もまた、いっそうの資本蓄積とその集中に寄与してきた、ということができる。

最後に、国家は軍事力を独占した、といって悪ければ、独占しようと努めてきた。警察力が主として国内秩序の維持——つまり、労働者をして、自分に割り当てられた役割と報酬を甘んじて受け容れさせること——に使われたのに対して、軍隊の役割は次のような点にあった。すなわち、その国の生産者は、自国の軍隊の存在によって、競争相手となる他国の生産者が自らの国家機構のもつ保護装置を発動させる可能性を、ごく直接的に減少させることができたということである。この事実は、国家権力のもつ最後の、決定的な特徴に直結する。すなわち、それぞれの国が行使しえた権力は、質的には似たようなものだが、その強さには大差があった、という事実がそれである。すべての国家は、実質的な権力の強弱によるハイアラキーのどこかに位置づけられてきたわけだが、こうした権力の強弱というものは、官僚制や軍隊の大きさとその結束力の強さなどでは測れないし、イデオロギー的統制の強さによっても測定はしえない。それは何よりも、競争相手となる国々に比べて、この国家が長期にわたって、その国内で資本の集中を効果的に促進する能力を発揮できるかどうか、という一点にかかっているのである。ここでいう資本集中を効果的に促進する能力には、敵対する国の軍隊を封じ込める能力や国内でそれを促進するような諸法規を制定する能力、他国が同じようなことをするのを妨げる能力、自国の労働者の抵抗を抑え込む一方で、競争相手国が同様のことを行なえないようにする能力などが含まれる。国家機構の実質的な強弱を測定する目安は、中期的な経済効果如何にあるのだ。国家機構が国内の労働力をコントロールするために公然と武力を用いるのは、高価につくうえに安定を失いやすい方法でもあり、国家機構の強さの象徴というよりは、むしろその脆弱さの証拠である。本当に強力な国家機構なら、何かもっと巧妙なメカニズムによって、国内の労働者層をコントロールすることができたはずなのである。

以上のように、国家が資本蓄積極大化のための決定的なメカニズムとなってきた筋道は、じつに多様であった。観念的には、資本主義には、国家機構から干渉を受けない私的企業家の活動が必然的に含まれている、と考えられがちである。しかし、実際には、そんなことが言える例はどこにもない。近代国家が積極的な役割を果たさなかったとしても、資本主義が繁栄しえたかどうかなどと思い悩むのは無駄である。史的システムとしての資本主義においては、資本家は上述したいろいろな方法で国家機構を利用する能力をもってきたし、そうした能力をおおいに頼りにもしてきたのである。

われわれが観念的に抱いてきたもうひとつの誤解は、国家主権にかんするものである。近代国家は、完全に自立的な政治体などでは決してなかった。つまり、国家というものは、ひとつのインターステイト・システムの不可欠な一部として発展し、形づくられたものである。インターステイト・システムとは、諸国家がそれに沿って動かざるをえない一連のルールであり、諸国家が生き延びてゆくのに不可欠な合法化の論拠を与えるものである。個々の国の国家機構からみれば、インターステイト・システムは自らの意志を束縛する枷でもあった。たとえば、外交上の慣行にもそれがみられるし、司法や契約行為を支配する正式のルール——つまり、国際法——にもみられ、戦争の仕方や戦闘を行なう条件に制約がおかれていることにも認められる。こうした制約は、いずれもほんらいの主権概念とは矛盾するようにもみえる。しかし、実際には、主権が完全な自立を意味するなどと主張されたことはただの一度もないのである。主権の概念は、むしろひとつの国家機構が他の国家機構の活動に合法的に介入できる範囲には限界がある、ということを示すために持ち出されたものである。

インターステイト・システムが強制する諸規則は、もとよりこのシステムを構成する諸国の賛同や同意を得て施行されるというようなものではなかった。それはまず、より強力な諸国が弱小国家に課す制約としてはじまり、ついで諸国が相互に制約しあう規則となったもので、然るべき強国の意志と能力によって、強制されたのである。ここで想起すべきは、すべての国家が単一の権力のハイアラキーのどこかに位置づけられていた、という事実である。このようなハイアラキーの存在そのものが、各国の自治権に対する大きな制約になっていた。全般的な傾向からいえば、諸国家の権力がどんどん失われて、ついにはこのハイアラキーの頂上にあたる部分は高原状ではなく、ピラミッド型になってしまうところまでゆく可能性もあったことは確実である。軍事力にはとかく一点に集中するような力学が働きがちで、そのことがしばしばインターステイト・システムをひとつの世界帝国に変えてしまうような方向に作用したことからすれば、この可能性はたんなる空論というわけではなかった。

むろん、インターステイト・システムを世界帝国に変えてしまおうという動きは、史的システムとしての資本主義のもとではついに成功しなかったのだが、それは、この経済システムの構造的基礎がそのような動きに対する抵抗を示したばかりか、主だった資本蓄積者たちが、「資本主義的世界経済」の「世界帝国」[2]への転換は根本的にかれら自身の利害に反する、とはっきり意識していたからであった。

ところで、まず第一に、資本蓄積のゲームにおいては、つねに競争者の参入をひきおこすような誘因が作用していたから、もっとも利益のあがる生産活動は、つねにいくらかずつでも拡散していってしまう傾向があった。したがって、いかなる時点をとっても、比較的強い国になれる経済的基盤をもった国はいくつもあった。第二には、どんな国の資本蓄積者も、資本蓄積というその目的を達するために、自分の国の国家機構を利用はしたが、しかし同時に、自国の国家機構が一定限度を越えて強化されすぎることのないように規制する必要をも痛感していた。というのは、強力になりすぎた国家機構はフリー・ハンドを得るから、国内の政治的均衡を望んで、国内の平等を求める圧力に耳を貸しかねなかったからである。この脅威を逃れるためには、資本蓄積者は他国の国家機構と手を結ぶかもしれないという脅しをかけてでも、自国のそれに圧力をかける必要があった。その際、この脅迫が意味をもつためには、どこか一国が他のすべての国を圧倒する、といった状況にはないことが絶対条件であった。

こうした配慮こそが、いわゆる勢力均衡《バランス・オブ・パワー》の客観的前提をなしたのだが、そこでいう勢力均衡とは、インターステイト・システムに組み込まれている第一級の列強、およびそれに続く比較的強力な諸国が、同盟関係を維持——ないし、必要とあれば修正——して、単一の強国が他の諸国を征服し尽すことがないようにしようとする傾向のことである。

しかし、勢力均衡が保たれた理由は、たんに政治的イデオロギーだけではなかった。そのことは、強国のなかの一国が一時的に他のすべての国に対して相対的優位に立ってしまった——この状態を、ここでは「ヘゲモニー」と呼ぶことにする(3)——三つの例をみればよくわかる。三つの例とは、一七世紀中頃におけるオランダ(ネーデルラント)のヘゲモニー、一九世紀中葉におけるイギリスのそれ、および二〇世紀中頃におけるアメリカ合衆国のそれである。

いずれの場合も、ヘゲモニーが成立したのは、軍事力による征服の試み——ハプスブルク朝によるもの、フランスによるもの、そしてドイツによるもの——が、失敗したのちのことであった。それぞれのヘゲモニーはいずれも、陸上の戦闘を中心とした、きわめて破壊的な「世界戦争」とでも呼ぶべきものの刻印を刻み込まれてもいる。つまり、前後三〇年くらいにもおよぶ間歇《かんけつ》的な戦闘の期間があり、その時代のすべての軍事大国を巻き込む大戦争があった。一六一八年から四八年にかけての三十年戦争、一七九二年から一八一五年までのナポレオン戦争、一九一四年から一九四五年に至るまでの二〇世紀の諸戦争——これも、長期にわたる単一の「世界戦争」とみるべきである——がそれである。これらの戦争で勝利を得たのは、いずれも戦争前には本質的に海洋強国であった国だということは、銘記しておかなければならない。しかし、歴史的に大陸国家として展開してきた別の強国が戦争の相手であり、しかもその大陸国家が「世界経済」を「世界帝国」に転換させようとしているように思われる以上、ほんらい海洋国家であった国も、戦争に勝つためには自ら大陸国家に変容せざるをえなかったのである。

しかし、勝利を決定づけたのは、軍事力ではなかった。もっとも重要な要因は、経済力であった。つまり、特定の国家内に位置する資本蓄積者たちが、経済活動の主要な三つの局面すべてにおいて他国の人びとを圧倒する力をもつことが、その条件であった。ここでいう三つの局面とは、農業および工業生産の局面、商業の局面、さらに金融の局面のことである。とくに、短期的にはヘゲモニー国家の資本蓄積者たちは、他の強国に住んでいる競争相手より遥かに効率が良くなり、その結果、そうした強国の「国内」においてさえ、市場を握ってしまうことになった。もっとも、こういうヘゲモニー状態は、いずれも長くは続かなかった。それぞれのヘゲモニーが崩壊したのも、政治的・軍事的理由というよりは、主として経済的理由によってであった。いずれのケースでも、一時的に成立した三重の経済的優越そのものが、資本主義の現実が生み出す二つの強固な大岩にぶつかってしまったのである。すなわち、ひとつは、他国より高い効率を生み出した諸要因はつねに他国によって模倣されてしまう、という事実であった。本当に脆弱な国家は模倣をする能力もないが、中程度の強さの国家がそれを行なうわけで、しかも後発国家には古い設備を償却する必要がないという利点が、つねに認められもした。第二には、ヘゲモニー国家は、何ものによっても妨げられることのない経済活動の自由を維持することに強い関心を抱いており、したがって、国内の再分配政策によって労働者との平和を買い取ろうとしがちであった。しかし、時間が経つにつれて、このような政策は競争力の喪失につながり、ひいてはヘゲモニーの終焉を結果した。そのうえ、ヘゲモニー国家が広大な地域と水域の防衛「責任」なるものを負うにつれて、経済的負担はむやみに膨脹し、「世界戦争」前の低い軍事支出の水準を守れなくなってしまったのである。

したがって、強国をも弱小国をもともに縛る勢力均衡というのは、簡単に崩れる政治的偶発現象などではなかった。それは、史的システムとしての資本主義における資本蓄積の様式そのもののなかに、深く根を張っていたのである。さらにまた、勢力均衡というのは、たんに国家機構と国家機構の関係というようなものでもなかった。というのは、ある国の国内で活動した人びとは、自ら直接にであれ、外部の人びとと連携することによってであれ、自国国境を越えて活動しているのがふつうだったからである。したがって、ひとつの国の政治を考える場合には、国内政治と国際政治の区別はまったく形式的なものにすぎず、実際の政治紛争がどのようにして起こったかを理解するには、そのような区別はほとんど役には立たない。

しかし、実際のところ、誰と誰とが闘争をしているのか。この問いは、ひとが考えるほど簡単なものではない。というのは、史的システムとしての資本主義の内部では、相互に矛盾する圧力がいろいろ作用してきたからである。もっとも基本的で、ある意味ではもっとも明らかな対立は、このシステムの受益者である少数派グループとその犠牲者である巨大なグループとのあいだに存在した。この対抗関係にはいろいろな名前がつけられ、いろいろな装いをもって立ち現われてきた。たとえば、ひとつの国のなかで資本蓄積者とかれらのために働く労働者とのあいだに明確な一線が引かれている場合には、この対抗関係を資本対労働の階級闘争と呼ぶのがふつうであった。このような階級闘争は、二つの次元で闘われた。すなわち、経済の次元——実際の労働の場でも、より大きな抽象的な意味での「市場」においても——と政治の次元とである。経済の次元では、直接的で論理的にも理解のしやすい利害対立がじかに肌で感じられたことは明らかである。労働者の得る報酬が大きければ大きいほど、「利潤」として残る余剰は少なくなる。もっとも、人びとがより長い眼でものを見ようとか、より大きなスケールで問題を考えようとかした結果、この対抗関係が和らげられてしまうこともしばしば起こった。ひとつの国の資本蓄積者とその労働者たちは、同じシステム内にある他の「資本家と労働者の」ペアに対しては、利害を共にする部分があったからである。それに、ある特定の環境条件のもとでは、労働者への報酬を増やすことが、「世界経済」の全域において現金による購買力を引き上げ、結局は「あと払いの利潤《デファード・プロフィット》」として資本蓄積者の懐に戻ってくる、という読みもありえた。しかし、こうしたことがいろいろ考えられたとしても、一定の剰余をどう分割するかという問題は、結局、一方の得は他方の損《ゼロサム・ゲーム》につながるという事実を変えることはできなかった。したがって、緊張は必然的に持続し、いろいろな国における政権争いで、この対抗関係が中心的な位置を占め続けたのである。

しかし、次のような理由からして、(比較的弱小な国々の)内部でも、世界的規模での資本蓄積者層と労働者層の闘争が、国家権力をめぐる諸集団の争いとして顕現する可能性が十分あった。すなわち、周知のとおり、資本蓄積のプロセスが進行すると、資本の地理的集中が起こったし、その原因となった不等価交換自体が、諸国家のハイアラキーを含むインターステイト・システムの存在によってはじめて可能になったものであること、また、それぞれの国家機構は、限られたものではあるが、このシステムの作用の仕方を変える力をもっていたことなどが、その原因であった。つまり、こうした弱小国家でさえ国家権力を求めて政争が起こるのは、各集団がこれを利用してより強力な国家の資本蓄積者に対抗しようとする意志が働くからである。こういうことが起こると、ふつうはただちに反帝国主義闘争というレッテルを貼られてしまいがちである。確かにここでも、当該二国それぞれの国内における対抗関係が、全体としての「世界経済」の場における階級闘争の基盤にある推進力とぴったり完璧に一致するとは限らないという事実によって、しばしば問題がうやむやになりがちであった。弱い方の国の資本蓄積者や強い方の国の労働者のなかには、政治にかんしては半階級的《クラース》・半国家的《ナショナル》観点からものを見るより、純国家的《ナショナル》観点から見る方が、短期的には有利だと考えるものもあったわけだ。しかし、「反帝国主義」の推進力を大動員するには、そこに階級性があり、それが利用される——少なくともイデオロギーとして——のでない限りまず不可能であったから、こういうやり方ではごく限られた目的すらめったに達成はされなかったのである。

民族集団《エスニック・グループ》の形成過程は全体として、特定の国の労働力形成の過程と結びついており、経済構造のどの辺に位置するかを示す、大まかな指標の役目を果たしてきた。したがって、労働力編成の民族集団化が比較的明確なかたちで起こっており、環境条件が悪くて生存のための短期的プレッシャーがわりあい強いところでは、資本蓄積者と労働者のなかでもとくに抑圧されている階層とのあいだの対抗は、言語や人種や文化の局面での闘争という形態をとる傾向があった。というのは、言語や人種や文化の上の区分が、階級構成と高い相関性を示すからである。こういうことが起こると、どこでもつねに民族対立だとか、国民間の抗争とみなされてしまいがちである。しかし、実際には、こういう闘争の場合も反帝国主義闘争の場合と同じで、その根底に資本主義というこのシステムの内部で生産される余剰の収奪をめぐる階級闘争があるのでない限り、またそれによって人びとの情感が高められ、揺り動かされるのでない限り、成功することはまずありえない。

しかし、逆にいくらそれが明白で、根底的なものだからといっても、階級闘争にばかり目を奪われていると、史的システムとしての資本主義において少なくとも階級闘争と同じくらいの時間とエネルギーを占めた、もうひとつの政治闘争を見失うことになる。というのは、資本主義というシステムは、すべての資本蓄積者をして相互に闘争させるシステムだからである。ひとがあくなき資本蓄積を追求するという場合、自己の経済活動によって競争相手の努力を無に帰させるようなやり方で、利潤を実現したのである。だから、個々の企業家は他の企業家にとっては、まことにあてにならない同盟であるにすぎず、いつ何どき相手によって競争の場から追い払われてしまうか知れない存在だったのである。企業家と企業家、ひとつの経済部門と別の経済部門、ある国の企業家集団や民族集団と他の国のそれら等々、闘争は明らかに際限がない。しかも、国家が資本蓄積に中心的な役割を果たすがゆえに、この際限のない闘争はあくまで政治闘争という形態をとらざるをえなかった。ときによっては、国内のこうした闘争は、国家機構内の人事をめぐる争いであったり、短期的な国家の政策をめぐる争いのかたちをとったりすることもあった。しかし、ときによってはまた、そうした短期の抗争を律する規則を決定し、その結果、特定の党派の消長を決めてしまうような問題、つまり「憲法」闘争のような大問題をめぐって争われることもあった。こうした闘争が本質的に「憲法」闘争的な性格をもった場合には、イデオロギーを使ってひとを動かすことが不可欠となる。こうなるとふつう「革命」とか、「大改革」とかいわれるものになるわけで、敗者の側は(明らかに不適切なのだが)「悪者」のレッテルを貼られてしまうことが多かった。しかし、実際には、「デモクラシー」や「自由」を求めて「封建的なもの」や「伝統的なもの」と闘った政治闘争も、労働者の資本主義に対する闘争などでは毛頭なく、資本蓄積者たちがほかならぬ資本蓄積そのもののために行なった闘争であった。それはまた、反動分子に対する「進歩的」ブルジョワジーの勝利などではなくて、ブルジョワ内部の抗争であったにすぎない。

むろん、「普遍化を推進する《ユニヴァーサライズィング》」(4)イデオロギー的スローガンを用いることには、政治的にみて効果があった。それこそ、階級闘争のために動員された人びとを、資本蓄積者層内部の闘争の一方の側に結集させる恰好の方法であった。しかし、こうしたイデオロギーを利用することには利点もあったが、大きな危険もひそんでいた。というのは、こうなると、〔労働者の〕激情が解放され、階級闘争を抑圧する制約が弛んでしまったからである。これが史的システムとしての資本主義のもとでの資本蓄積者たちの絶え間ないディレンマであったこと、あらためて言うまでもなかろう。かれらは、一方ではシステム自体の作用によって、相互に階級の連帯性を維持し、労働者がこれと対立する利益を追求しようとするのを妨げる方向に行動せざるをえないように仕向けられたのだが、しかし同時に、かれら自身のあいだでも、政治的にも経済的にも、果てしなく抗争を続けるように運命づけられていたのである。システム内部の矛盾というのは、まさにこのことにほかならない。

政治闘争に使われるエネルギーの多くが、階級闘争とはいえない種類の闘争に向けられてきたという事実から、政治闘争を理解するのに階級分析はそれほど有効かどうか疑わしい、と結論する研究者も多かった。しかし、これはおかしな推論といわなければならない。むしろ、階級に基礎を置かないこうした政治闘争、つまり資本蓄積者同士の政治権力争いが起こること自体、世界的規模での経常的な階級闘争において、資本蓄積者階級が深刻な政治構造上の弱点を抱えていることの証拠である。そう結論するのが、もっとも当を得た解釈といえよう。

ところで、このような政治闘争は、次のように言いかえることも可能である。すなわち、それは、「資本主義的世界経済」の制度や構造を修正して、特定の構成員に自動的に有利に作用するような世界市場をつくり出すように仕向ける闘争である、と。資本主義の「市場」は決して与件などではなかったし、ましてや不変などではありえなかった。それはつねに再生され、修正されてゆく創造物だったのである。

ある時点でいえば「市場」とは、次の四つの主要な制度が複雑にからみあって生じる一連の法則ないし制約のことだ、といえる。すなわち、ここでいう四つの制度とは、システムによって相互に結合させられた多数の国家、そしてこの国家と不安定で不確実な関係にある複数の「民族」――このなかには「〔一国内の少数〕民族集団」のような副次的民族集団もあれば、また完全に公認されたものも、なお承認を求めて闘争中のものもある――、さらに職業集団という外見をとり、意識の水準も多様な諸階級、そしてこの階級と微妙な関係にある世帯、つまり、多様な形態の労働に従事し、多様な収入源から収入を得る人びとを結びつける所得プールの単位、がそれである。

こうした諸制度が織りなす星座にあっては、北極星のように固定した導きの星は存在しない。資本蓄積者がある制度が特定の形態になることを望む場合、これに対抗して

「本来の」あり方などといえるものは何もない。このことは、資本蓄積者が経済的生産物の収奪に抵抗する労働者階級の闘争に譲歩する方向に向かっている場合でも、その逆の場合でも同じである。ある形態をとった制度の限界、つまり、その制度がもちうる法的・実態的な「権利」は、それが「世界経済」のどのゾーンに位置しているか、その時期が景気循環や長期変動のどの局面にあるかによって、大きく変わる。慎重に考えすぎたため、この話がわかり難くて「制度」という言葉の洪水で目がまわるというのなら、史的システムとしての資本主義においては、資本蓄積者はいっそうの資本蓄積以上のことは望んでおらず、したがってまた、労働者は自らの生存と負担の軽減以上の目的はもちえなかったという事実を想起すれば、ことの筋道ははっきりしよう。このことを想起しさえすれば、近代世界の政治史は十分に理解できるようになろう。

史的システムとしての資本主義の内部に生じる反システム運動は、しばしばまわりくどくて不条理な、矛盾したような立場をとることになるのだが、それもまた、このようなこみいった事情のなかで考えてこそ、はじめて理解できるのである。まず、何にもましてもっとも基本的なディレンマからはじめよう。史的システムとしての資本主義は、「世界経済」として機能するものであって、世界国家のなかで動いているわけではない。

まったくその逆なのである。構造的な力は、すでにみたように、いかなる形態のものであれ、世界国家が形成されることを阻止する方向に作用する。このシステムの内部には複数の国家が存在している、という事実こそが決定的に重要な意味をもつこと、すでに強調したとおりである。つまり、政治的に最強の国家と、権力のかなり限定されたそれとが同時に併存する、という事実が重要なのである。したがって、ある国の構造転換をはかることは、労働者にとっては、自らの地位を改善するもっとも有望な道であったのだが、それと同時に、そのようなやり方には初めから明白な限界も存在したのである。

ところで、そもそも反システム運動とは何なのか。運動というからには、一時的な動きではなくて、何か集団的な推進力となるもののことである。じじつ、むろん労働者の自然発生的な抗議や暴動は、知られている限りあらゆる史的システムにおいて起こった。そこでは、それらは抑圧された怒りの捌け口として、安全弁の役割を果たしてきたともいえるし、ときによっては、収奪の程度を多少緩和する効果を発揮しえたこともあった。しかし、一般的にいうと抵抗手段としての暴動は、かつての史的システムにあっては、中央当局にとってごく周辺的といえるような部分でしか効果を発揮しえなかった。しかも、中央の官僚機構が分解傾向を示している場合にしか、その程度の有効性すらもちえなかったのである。

これに対して、史的システムとしての資本主義では、構造上の条件が大きく変化した。各国家がインターステイト・システムのなかに位置づけられたということは、叛乱や暴動の衝撃がしばしばあっという間に、それが起こった国の国境を越えてひろがってしまうことを意味した。したがって、攻撃を受けた国家機構に対しては、いわゆる「外部」勢力が必ず援助の手を差しのべたのだが、それには当然の根拠があったわけだ。しかし、こうなると、叛乱を起こすことはよほど困難になった。他方、これまでの史的システムに比べて、資本主義的なそれのもとでは一般に資本蓄積者による、したがってまた国家による労働者の日常生活への介入は、遥かにひどくなった。あくなき資本蓄積は、労働力の編成(とその位置)を変え、労働の絶対量を増やし、労働力の心理的・社会的再構築を不可避にするような圧力を、絶え間なく生み出してきた。この意味で、世界のおおかたの労働者にとっては、分裂、混乱がひどくなり、搾取はいっそう苛酷にさえなった。同時に、社会的分裂がひどくなるために、社会化の過程がもっていた階級融和的な意味もなくなってしまった。こうして、全体としては、客観的にみると成功の可能性はおそらく少なくなっているのに、叛乱に走る動機はかえって強まったのである。

史的システムとしての資本主義のもとで叛乱のやり方に決定的な変化が生じたのは、こうした緊張の高まりがあったからである。ここで叛乱技術の大革新というのは、すなわち継続的な組織体の形成のことである。じっさい、〔反システム運動を担う〕二大歴史的形成物である労働・社会主義運動とナショナリズムとが、継続的な官僚組織とでもいうべきものをもつようになったのは、ようやく一九世紀のことであった。どちらの運動も、世界中に通用する共通の言葉、とくにフランス革命のそれをもっていた。いわく自由、いわく平等、いわく友愛、というわけだ。つまり、どちらの運動も、啓蒙主義のイデオロギーをまとっていたのである。すなわち、進歩の必然性、ないし生来の人権によって正当化される人間解放の必然性というイデオロギーで武装して立ち現われるのである。どちらの運動も過去にではなく、未来に訴え、古いものにではなく、新しいものにアピールした。たまに伝統が引き合いに出されることもあったが、それもルネサンス、つまり再生の前提としてのことであった。

この二つの運動は、それぞれが対象とする問題も違っていたし、したがって初めのうちは、それが展開された場所も異なっていた。すなわち、労働・社会主義運動は、土地をもたない都市の賃金労働者（プロレタリアート）と、かれらがそのなかで働いている経済機構そのものの所有者(ブルジョワジー)とのあいだの抗争に焦点が合わされていた。この運動の基本的な主張は、労働の報酬の分配が本質的に不平等で、抑圧的で、公正でないというものである。こうした運動がまず最初に、「世界経済」のなかでも工業労働力が重要な意味をもっていた地域、ことに西ヨーロッパで出現したのは、けだし当然であった。

一方、ナショナリズムの運動は、多数の「抑圧された民族《ピープルズ》」——言語および(または)宗教によって規定される——と政治的支配権を握った特定の優越的「民族」とのあいだの抗争にかかわってきた。前者に属する人びとは後者のそれに比べると、政治上の諸権利にも、経済上の機会にも、正統的な文化を表現する機会にも、ほとんど恵まれてこなかった。この運動は、本質的に「諸権利」の分配が不平等で、抑圧的で、不公正だと主張するものである。それゆえ、こうした運動がまず最初に、「世界経済」の周辺地帯、たとえばハンガリー帝国のようなところに生じたのも無理はない。というのは、ハンガリー帝国は、労働力配置のハイアラキーにおける民族集団間の不公平がもっとも明白な国のひとつだったからである。

全体に、ごく最近に至るまでは、この二種類の運動は相互にまったく性格の違うものと意識しており、ときには対立し合うことさえあった。むろん、二つの運動が手をつなぐこともあったが、それは戦略的な配慮によるもので、一時的なことであるにすぎなかった。しかし、この二つの運動には、構造上いくつかのかなり似通った特徴があるという印象が強かったことも事実である。第一に、労働・社会主義運動もナショナリズムのそれも、永い論争を経て組織化されていったものであり、結局は国家権力の奪取――ナショナリズム運動の場合は、新しい国家の樹立そのものが課題となることもあった――が最大の政治課題だという共通の結論に到達した。第二に、国家権力の奪取という戦略を定めた以上、これらの運動にとっては反システム的なイデオロギー、言いかえれば革命的なイデオロギーに基づいて、民衆の力を動員することが不可欠となった。さらに言えば、それぞれの運動が批判の対象とした資本と労働、および中核と周辺のあいだの構造的不平等こそが、既存の世界システム――史的システムとしての資本主義――の存立の基礎となっていたために、二つの運動はいずれもこのシステム自体に敵対するものとなったのである。

もちろん、不平等なシステムのもとで下位に位置づけられた集団がその低い地位から脱出を図る方法としては、いつでも二つの方向が考えられる。ひとつは、このシステムを組みかえて、全員が同じランクに並ぶようにしてしまおうとする方法である。しかし、それができないとすれば、不平等なシステムはそのままにしておいて、そのなかでの自己自身の地位の向上を図ることも可能である。このような観点からみると、周知のように、これまでの反システムの諸運動はほんらい平等を求める意図をもっていたか否かにかかわらず、いずれも当初からかあるいは結局そうなったのか、つねに既存のハイアラキーのなかでの自己の「上昇」だけを志向する傾向を示してきた。これらの運動の主体となってきた人びとのあいだでも、このことには絶えず気づかれていたのだが、かれらは問題を個々の運動の動機に帰してしまいがちであった。すなわち、素直な気持ちを尊重するか、それでは大義への裏切りになると考えるか、といった問題としてみられがちだったのである。しかし、考えてみると、「大義への裏切り」なるものが、運動史上の特定の局面でむやみに頻発するとすれば、ことは動機からではなく、構造の特質から説明されなければならない。

問題の鍵は、実際のところ、国家権力の奪取という運動の基本戦略そのものにあったかもしれない。この戦略は、二つの重要な結果をもたらした。まず第一に、民衆動員の局面では、これらの運動はその戦略的目標を達成するために、まったく「反システム」

的でない諸集団との戦術的同盟関係に入らざるをえなくなった。こうした同盟関係は、反システム運動そのものの構造を、民衆動員の次元自体においてさえ、変化させてしまった。さらに、もっと重要なことに、この戦略は結局、成功してしまったことが多いのである。つまり、国家権力の一部ないし全部を、こうした運動が握ってしまった例が少なくないのである。しかし、これらの運動は、国家権力を掌握するという当面の戦略に成功を収めたとたんに、「資本主義的世界経済」の枠内にある国家権力には、あまりにも制約が多すぎるという現実を思い知らされることになった。せっかく手にした国家権力を行使しようとしても、インターステイト・システムが作用していて、運動のほんらいの存在理由であった「反システム」の傾向を後退させる以外にないことになったのである。

このこと自体はほとんど自明のことだから、むしろ問題なのは、運動の担い手たちがなぜこれほど明らかに自滅的な戦略目標をたてたのか、という点であろう。もっとも、これに対する答えは簡単なことで、史的システムとしての資本主義の政治構造が変わらない限り、反システム運動の側には選択の余地があまりなかったということかもしれない。これ以上に成功の見込みのある戦略は、ほかになかったのである。国家権力が掌握できれば、少なくとも抗争中の諸集団のあいだの権力のバランスをいくらか変えるくらいのことはできたわけだ。つまり、国家権力の奪取はシステムの「改良」をひきおこしえたのである。もとより「改良」によっても、実際の状況が多少とも改善されることは間違いないのだが、それはまた同時に、必ずシステムそのものを強化してしまうことも事実なのである。

とすれば、過去一五〇年以上にわたる世界的な反システムの諸運動は、結局、改良を通じて史的システムとしての資本主義を強化するだけの役割を果たしてきた、と言い切ってよいのか。否である。なぜなら、史的システムとしての資本主義における政治とは、個々の国家の政治の寄せ集めではないからである。それは、同時にまたインターステイト・システムの政治でもあったのだ。反システムの運動は、個別的に存在しただけではなくて、集合的なものとしても——組織だったものではなかったにしても——当初から存在した。(何度も成立したインターナショナルは、決してこうした運動のすべてを糾合するには至らなかったが。)ひとつの運動が強力になりうるか否かは、つねに他の運動が存在するかどうかにかかっていたともいえるのである。

「他の運動」の存在によって得られる支援には、三つの種類があった。もっともわかりやすいのは、物質的な支援である。これは有益には違いないが、おそらくもっとも意味の小さい援助である。第二の支援は、それが体制派の注意を分散させる役割を果たす点にある。たとえば、ひとつの強国がより弱い国家における反システム運動をどれくらい強硬に抑圧できるかは、つねにこの強国が直接対処しなければならない政治問題をどれくらい抱えているかにかかっている。その強国が近くの反システム運動に悩まされていればいるほど、遠隔地における反システム運動の抑圧には力を入れにくいことになったわけだ。第三の支援はもっとも基本的なもので、集団心性《コレクティヴ・メンタリティ》(5)の側面におけるものである。各運動体は、お互いの失敗から学び合い、お互いの成功した戦術に学ぶことによって勇気づけられたのである。世界的な反システム運動の盛り上がりが、世界全体の政治的環境——つまり将来の見通し、ないし可能性の予測——に基本的な影響を与えた、ということもある。

こうした運動は参加者が増え、歴史を積み重ね、戦術上の成功をなし遂げるにつれて、ひとつの集団現象としてはますます強まってゆくようにみえた。そうなると、そのようにみえたという事実そのものが、運動を本当に強くしてしまったのである。世界全体の反システム運動の全体としての力が強まれば強まるほど、個々の国家権力内部における

――それ以上でも以下でもない――運動の「修正主義」的傾向には歯止めがかかることになった。また、そうなればなるほど、この事実が史的システムとしての資本主義の政治的安定を崩す効果を発揮し、その影響は、次々と個々の運動体が国家権力を掌握することによって生じるシステム強化効果を凌駕するようにもなったのである。

最後に、もうひとつ別の要因が入ってきた。上述の二種類の反システム運動がひろがるにつれて――労働・社会主義運動は中核にある少数の強国から他のあらゆる国々にひろがってゆき、逆に、ナショナリズムの運動は少数の周辺地域から他の至るところにひろがっていったのだが――、この両運動の境界がしだいにぼやけてきたのである。労働・社会主義運動の指導者たちは民衆を動員し、国家権力を行使するには、何はともあれ、ナショナリストたちが提示している問題が重要な鍵を握っていることに気づいた。他方、ナショナリストの陣営でも、ちょうどその逆の事実を発見したのである。民衆を効果的に動員し、支配するためには、より平等な構造への社会改造を求める労働者たちの意向を汲み取らないわけにはいかなかったのである。こうして、お互いの課題がほとんど重なりあい、組織の形態上の差もあまりなくなって、結局両者が融合して単一の機構になってしまうと、反システム運動の力は、とくに世界全体をひとつの集合体としてみた場合のそれは、劇的に強化された。

反システム運動の強みのひとつは、それが多くの国で権力の座についたことにある。このことは、世界システムの政治の動向を変えた。しかし、この強みは同時に弱点にもつながっていた。というのは、いわゆる革命後の体制なるものもまた、史的システムとしての資本主義の社会的分業の一部を担い続けることになったからである。そうなることで、革命後の体制もまた、否応なしにあくなき資本蓄積へ向かう圧力のもとで生きてゆくほかなかったのだ。それゆえ、国内の政治にかんしていえば、革命の結果は、その程度こそ軽減、緩和されていることが多いとはいえ、依然として労働者に対する搾取の継続でしかなかったのである。「革命」を経験した国においても、それを経験しなかった国の場合と同じような国内の緊張が生じ、そのためにまた新たな反システム運動が生まれてきたのは、まさにこのような理由からである。利益の分け前をめぐる争いは、革命を経験したかしないかにかかわらず、あらゆる国で起こってきた。なぜなら、「資本主義的世界経済」のなかに組み込まれている限りは、いかなる国であれ、資本蓄積の進行という至上命令がシステム全体を通じて作用してきたからである。革命による国家構造の変化によって、資本蓄積の政治局面は変化した。しかし、資本蓄積そのものが終息したわけではないのだ。

本章のはじめの方で残しておいた問題がいくつかある。史的システムとしての資本主義は、恩恵をもたらしたといえるのかどうか。生活水準は、このシステムの展開によってどのように変化したのか。こうした問題には簡単には答えられないこと、ここまでくれば明白であろう。恩恵をもたらしたか否かといっても、「誰にとってか」ということがまず問題になってしまうからである。史的システムとしての資本主義は、物資の生産においては記念すべき成果をあげたが、それはまた報酬の格差を未曽有に拡大もした。驚異的な恩恵に浴したひとも少なくないが、それより遥かに多くの人びとが実質所得を激減させられ、生活水準の低下に苦しんできた。むろん、こうした両極分解は空間的なものでもあった。したがって、場所によっては、そのような事実はまったくないようにみえることもあった。この現象はまた、利益の取り分をめぐる争いの結果でもあった。それだけに恩恵の地理的分布は頻繁に変化し、両極分解という現実が被い隠されることも多かった。しかし、史的システムとしての資本主義がカヴァーする全時代、全地域を通じてあくなき資本蓄積が展開されたということは、すなわち、このシステムのもとでは実質的な格差が絶え間なく拡大し続けてきたことを意味しているのである。

訳　註

(1) アリストテレス論理学の基本原理のひとつ。すべてのものはAであるか、Aでないかのいずれかで、その中間の状態はありえないとするもの。この場合では、すべての土地はある国家主権の支配領域内にあるか、その外にあるかであって、中間の状態の土地はありえない、という意。

(2)「世界経済」と「世界帝国」は「世界システム」の二つの具体的な存在形態で、前者は政治的な統合を欠きながら、グローバルな経済上の分業体制として成立した世界システム。詳しくはI・ウォーラーステイン(拙訳)『近代世界システムI』(名古屋大学出版会、二〇一三年)参照。

(3)「ヘゲモニー」とは、中核地域を構成する強国のうちでも一国の経済力が圧倒的に強くなり、その国の商品が周辺や半周辺においてはもとより、他の中核諸国においても十分に競争力をもちうるようになった状態をさす。一六二五—七五年頃のオランダ、一八一五—七三年のイギリス、一九四五—六七年のアメリカがその状態にあった、という。ヘゲモニー国家は、その定義からして、世界的な自由貿易体制によって最大の利益を握りうる国であり、当然、自由(貿易)主義の旗手となる傾向がある。Cf. I. Wallerstein, *The Modern World-System II: Mercantilism and the Consolidation of the European World-Economy, 1600–1750*, Academic Press Inc., 1980, p. 38（拙訳『近代世界システムⅡ』名古屋大学出版会、二〇一三年、四五頁）; Id., 'Dutch hegemony in the seventeenth-century world-economy' in *Dutch Capitalism & World Capitalism*, ed. by M. Aymard, Cambridge U. P., 1982, p. 95.（ただし、後者は前者の事実上の再録である。）

（4）「普遍主義」や「普遍化」が近代世界システムすなわち「史的システムとしての資本主義」に特徴的なイデオロギーであることは、次章で詳論される。

（5）「集団心性」は歴史学におけるフランス・アナール学派によって主要な研究対象のひとつとされてきたが、ウォーラーステインが同派の重鎮、F・ブローデルの強い影響を受けていることは周知のとおりである。

Ⅲ　真理はアヘンである——合理主義と合理化

史的システムとしての資本主義は、プロメテウスのような強烈な野望を抱いてきた。科学や技術の変化は人類史の常態であるなどという者もあるが、それとて史的システムとしての資本主義があり、デイヴィド・ランデスのいうように、そこではつねにかのプロメテウスが「解き放たれて」いたからこそのことであるのだ。[1] 資本主義に特有の科学文化について、われわれには基本的に共通したイメージがある。すなわち、「伝統的」で非科学的な文化の執拗な抵抗を排して、やんごとなき正義のナイトたちがひろめたもの、というのがそれである。一七世紀では、カトリック教会に対抗したガリレオがよい例であり、二〇世紀にあっては、頑迷なイスラム神学者に対する「近代化推進者」がそれにあたるというわけである。いつの場合でもそれは、「合理主義」対「迷信」ないし「自由」対「知的抑圧」といった対抗図式のもとに捉えられがちであった。それはまた、政治経済学的にいうと、貴族＝領主層に対するブルジョワ企業家層の叛乱に対応するもの（ないしはそのもの自体）と考えられてもきたのである。

ところで、世界的なひろがりをもつ二つの文化についてのこのような基本的イメージには、ひとつの前提条件が隠されているという事実は、しばしば忘れられがちである。すなわち、それらの概念がいずれも一時的なものであるにすぎないという事実は、あまりよく認識されていないのである。実際には、「近代的なこと」とは、さしあたって新しいものだというにすぎず、「伝統的」といわれるものにしても、その時点で近代的といわれるものより古く、それよりは以前から存在したということであるにすぎなかったのである。じじつ、先に述べたイメージの極端な例になると、伝統的なものは歴史を超えた存在と意識され、事実上恒久的なものとさえみなされてしまった。しかし、こうした前提は、歴史的にいっても間違いだし、そもそも根本的に誤解を招きやすいものであった。史的システムとしての資本主義の内部では、ときところによって、多数の文化、多数の「伝統」が栄えたのであって、それらはこれも無数に存在した制度的枠組みと同様に、太古の昔からあったというものではなかったのである。そのほとんどは、むしろ近代世界の産物であり、近代世界を支えるイデオロギーのひとつなのである。もちろん、なかには史的システムとしての資本主義成立前からあった集団やイデオロギーと結びついた「伝統」も少なくはなかった。つまり、何らかの既存の歴史的・知的素材が適当に利用されていることもよくあることなのだ。〔前資本主義段階から〕超歴史的に続いていると主張すれば、史的システムとしての資本主義の内部における政治・経済闘争において、集団の結束力を高めるのに大いに貢献できたからである。しかし、こうした闘争がどんな文化形態をとるかを本当に理解しようというのであれば、そこで言われる「伝統」なるものを額面通りに受け取ってはならない。ましてや「伝統」が本当に伝統的なものだなどと思い込むわけにはいかない。

ところで、〔「世界経済」上の〕然るべき場所に、可能な限り低い報酬で適当な労働力が生み出されてきたのは、言うまでもなく資本蓄積の促進を願う人びとの利害に沿ってのことであった。賃金労働が収入源のほんの一部をしか構成しないような世帯《ハウスホールド》をつくり出すことによって、「世界経済」の周辺における経済活動の報酬がいかに低く抑えられたかについては、すでに論じた。こうした世帯を「つくり出す」ひとつの方法——言いかえれば、家族の再編を強制する方法のひとつ——は、史的システムとしての資本主義の内部における社会生活を「民族集団別の編成にする」やり方であった。ここでいう「民族集団《エスニック・グループス》」とは、近接して居住する他の同種の集団との関係で、特定の職業ないし経済的役割を割り当てられた、かなりの人数の人間集団のことである。このような労働力編成の外部に表われたシンボルが、各民族集団のいわゆる固有の「文化」であった。つまり、その宗教であるとか、言語であるとか、その集団に固有の「価値」であるとか、あるいは日常生活の特定のパターンであるとかいったものがそれである。

むろん、史的システムとしての資本主義には完全なカースト制度のようなものがあった、などと言っているのではない。ただ、職業の分類をかなり大まかに取る限り、民族集団と職業ないし経済的役割とのあいだには、史的システムとしての資本主義の全時代、全地域を通じてかなり高い相関が認められたし、いまも認められると言いたいのである。しかも、こうした労働力の配置は、時間の経過にともなって変化してきたし、それが変化するにつれて民族集団のあり方も――つまり、その境界や集団の目立った文化上の特徴も――どんどん変わってきた。したがって、今日の民族別の労働力配置は、史的システムとしての資本主義成立以前に存在し、やがて現在の民族集団に転化することになったその先駆的集団の配置とは、まったく別物になってしまっていることも指摘しておくべきであろう。いずれにせよ、世界の労働力が民族集団別に編成された結果、「世界経済」が機能するうえで重要な意味をもつことがらが三つ生じた。すなわち、何よりもまず、このことによって労働力の再生産が可能になった。といっても、それはすべての集団が生き残るのに十分な所得が確保されたという意味ではなく、その世帯の得る収入の総額およびその形態の点から考えて適当と思われる所得水準で、いろんな種類の労働力が十分に供給されてきた、という意味である。それに、民族集団別に編成されたことで、労働者の配置は変更しやすいものになった。労働者の大規模な移動は地理的にも、職業上も、困難になったというよりは容易になったのである。

労働力の配置換えを行なうには、誰か積極的な個人が先頭を切って移住ないし職業変えをし、それに対して適当な報酬が与えられさえすればよい。それだけで、この民族集団に属する残りの人びとにとっては、「世界経済」における自分たちの位置を変えるごく自然な「吸引《プル》」要因となるのである。

第二に、民族集団化は、労働力の教育・訓練装置が内蔵されることを意味した。言いかえると、職業としての労働の社会化が民族性によって特色づけられた世帯の枠組みでなされることが多く、雇主や国家の負担とはならないことを意味したのである。

第三に――おそらく、これがもっとも重要なのだが――、民族集団化によって職業および経済的役割の階梯に「伝統」という名の外被をかぶせて、正統性を装わせたという事実がある。

史的システムとしての資本主義のもとで、もっとも入念に練りあげられ、そのもっとも重要な支柱のひとつとなってきたのが、この第三の帰結、すなわち、制度としての人種差別《レイシズム》(2)である。ここでいう人種差別とは、資本主義に先行する諸システムにおいてもみられた排外主義《ゼノフォビア》のことではまったくない。排外主義というのは、文字通り「よそ者」への恐怖であった。これに対して、史的システムとしての資本主義における人種差別とは、「よそ者」とは関係がない。まったくその逆なのだ。人種差別とは、資本主義というひとつの経済構造のなかで、労働者のいろいろな集団が相互に関係をもたざるをえなくなってゆく場合の、その関係のあり方そのもののことであった。要するに人種差別とは、労働者の階層化ときわめて不公平な分配とを正当化するためのイデオロギー装置であった。それはまた、民族集団と労働力配置の高い相関性を一貫して維持する効果をもつ一連の習慣と結びついたイデオロギー的主張のことである。各民族集団の遺伝学的および(または)永く続いてきた「文化的」特徴こそが、資本主義というこの経済構造のなかで各集団がそれぞれ違った位置を占めている主要な原因だというのが、このイデオロギー的主張の柱である。しかし、実際には、ふつうある集団が特定の経済活動にかんして他の集団より「優れている」という信念が成立するのは、その集団の労働力としての位置づけが決まってしまった後のことであって、それ以前のことではなかったのである。かりにそうでないケースがあるとしても、その場合も人種差別の思想は、たんなる時間的な前後関係をすなわち因果関係だと思い込むことによって成立してきたものである。経済的・政治的に抑圧されている人びとは、文化的にも「劣っている」からそうなのだと言われてきた。しかし、実際には、何らかの理由で経済のハイアラキーの中心が移動すると、社会的ハイアラキーの中心もまた、それに従って移動する傾向がみられた。（むろん、二つの変化のあいだに時間のずれはあった。というのは、既存の社会的枠組みの影響を払拭するには、ふつう一、二世代はかかったからである。）

人種差別の意識は、不平等を正当化する万能のイデオロギーとして作用してきた。しかし、ことはそれだけでもなかった。それはまた、諸集団を社会化し、「〔世界〕経済」のなかに位置づける役割をも果たしてきたのである。こうしてつくりあげられた態度——偏見、日常生活で公然と行なわれる差別行為——が、それぞれの世帯や民族集団のなかで個々人はどんな行動をとるのがふさわしいか、正当であるかを決めるのに役立った。人種差別の意識は、性差別の意識と同じように、自己抑圧的イデオロギーとして機能し、自己の欲望を型にはめ、ひどく制限されたものにしてしまったのである。

人種差別は、自己抑圧的であったばかりではない。外からの圧力となって抑圧を加える役割をも果たした。それはまた、下層に位置づけられた集団をその位置に固定しようとして、中位に位置する諸集団を、世界の警察機構における無給警官として利用するのに役立ってもきた。こうして、政治機構の維持に要する財政コストはずっと少なくて済み、逆に、反システム運動を展開している諸集団にとっては、人種差別がその構造上、犠牲者と犠牲者を相反目させる〔という巧妙な〕作用をもっているだけに、広汎な人びとを結集することがいっそう困難になった。

人種差別は決して単純な現象ではなかった。いわば、世界システム全体のなかでの相対的ステイタスを画するひとつの区分線があった。すなわち、「肌の色」による区分線なるものがそれである。この区分線は、全世界にまたがって引かれたものではあったが、根本的に間違ってもいた。そもそも誰が「白人」すなわち上流階級であるかは、生理学的に決まっていたのではなく、社会的に決まることだったのである。南欧人、アラブ人、ラテン・アメリカの先住民と白人の混血者《メスティーソ》たち、東アジア人などの集団が、世界全体（および一国内）で社会的に規定された「カラー・ライン」の一方の側から反対側へ、歴史的にその位置を変えていった様子をみれば、このことは容易に証明できる。

肌の色(や生理的特徴)は本質的に偽装しにくいものだけに、一般に都合のよいレッテルであった。したがって、史的システムとしての資本主義の起源をなしたヨーロッパでも、これを利用するのが便利なあいだは、おおいに利用されたのだが、いったん不都合になると即座に捨てられ、別のかたちの目印が導入された。したがって、場所によっては、何種類もの基準が複雑に重なりあっている例も少なくなかった。それに社会的分業がつねに進行してゆくことを考えると、民族ないし人類の違いというのは、現存の社会集団を分かつ境界線の前提としては、まったく不安定なものであることも明らかであった。いろいろな集団が次々とやって来たかと思うと去って行き、そのたびに自己規定をあっさり変更したものである。そうした集団を外から眺めていた人びとにしても、境界線の変更には何の抵抗もなかった。しかし、個々の集団の境界線が移ろいやすいからといって、それらの集団が全体としてつくりあげているハイアラキーそのものが一貫しているという事実と矛盾するわけではない。むしろ、個々の集団の境界線を適当に変えてゆくことこそが、全体としてのハイアラキーの任務でもあったわけで、世界の労働力が民族別に編成されたこと自体、そうした過程のひとつであったともいえるのである。

こうして人種差別は、史的システムとしての資本主義の文化的支柱となってきた。人種差別などというものは、知的には空疎なものに違いないが、そう言ったからといってその恐ろしいほどの残酷さが軽減されるわけのものでもなかった。ただ、過去五〇年ないし一〇〇年間の反システム運動の勃興のために、近年、人種差別は激しい批判に晒されていることも事実である。じっさい、今日、むき出しの人種差別は世界的には支持されなくなってきている。とはいえ、これまでのところは、人種差別こそが史的システムとしての資本主義の唯一のイデオロギー的支柱であったし、それはまた、適当な労働力をつくりあげ、再生産してゆく上でもっとも重要なものであった。しかし、労働力が再生産されるだけでは、あくなき資本蓄積をすすめるには不十分であった。幹部層《カードル》によって統制されるのでなければ、労働力が効率的かつ継続的に機能し続けると期待することはできなかった。しかも、その幹部層もまた、ここで生み出され、社会化され、再生産されなければならなかったのである。もっとも、かれらを生み出し、社会化し、再生産する役割を果たした主要なイデオロギーは、人種主義のそれではなかった。むしろ、普遍主義のイデオロギーこそが、その役割をになったのである。

普遍主義というのは、一種の認識論のことである。つまり、何が知りうるか、それはいかにして知りうるかという問題についての一連の信念のことなのである。普遍主義の基本は、物理的な意味での世界であれ、社会的な意味でのそれであれ、とにかく世界にかんして普遍的かつ恒久的に正しい、何か意味のある一般論ができるという信念にある。さらにいえば、すべてのいわゆる主観的な要素を——つまりすべての歴史的に制約された要素を——排除したかたちで、一般的公式を追い求めるのが科学の目的だとする立場である。

普遍主義への信奉こそは、史的システムとしての資本主義が組み上げたイデオロギーのアーチの頂点に置かれた要の石であった。普遍主義は一種の認識論であると同時に、ひとつの信仰でもあった。このイデオロギーの製造工場となり、この信仰の神殿となったのが大学であった。ハーヴァード大学はその紋章を「真理 veritas」という言葉で飾っている。一方では、絶対的な真理などというものは決して知りえないのだとつねに言われており、このことこそが近代科学を中世の神学から区別するゆえんだとされながら、他方では、真理の探究こそが大学の存在理由であり、もっと広くいうと、すべての知的活動の存在理由なのだとも、絶えず主張し続けられてきたのである。また、芸術を正当化しようとしたキーツは、「真理は美であり、善は真理である」とうそぶきさえした。アメリカで市民的自由を政治的に正当化するために好んで用いられてきた論法は、「思想を自由に交換できる場」が保障され、その場を利用して交流が行なわれた結果としてでなければ、真理などというものは認識できないのだ、というものである。

文化上の理想とされた真理は、近代世界にとってアヘンの役割を果たしてきた。それも、唯一の重要な意味をもつアヘンとして機能してきたのである。宗教は民衆にとってのアヘンだと言ったのはカール・マルクスであるが、マルクス主義思想こそが知識人にとってのアヘンだと逆襲したのは、レイモン・アロンである。どちらの論法も、まことに洞察力に富んだものではあるのだが、洞察力があることとその主張が真理であるということとは、必ずしも同じではない。私としては、おそらく真理こそが民衆にとっても、知識人にとっても、本物のアヘンであったと言いたいのである。もとより、アヘンというものも、つねに悪であるわけではない。鎮痛剤として薬になることもある。現実を直視することが、いずれ必ず訪れる破局や衰滅を早めるだけの効果しかない場合、アヘンこそは人びとを厳しい現実から逃れさせてくれる特効薬である。しかし、だからといってわれわれのあいだでアヘンを常用せよと奨める者などまずいないことも事実である。マルクスにして然り、レイモン・アロンもまた然りである。ほとんどの国では、たいていの目的にそれを使うことは非合法とされてもいるのである。

　われわれの学校教育では、真理の探究なるものは、実際には合理化、つまり利己的な自己正当化の行為であるにもかかわらず、公平無私な徳であるかのように教え込まれてきた。真理の探究こそは進歩の基礎であり、したがって福祉の基礎でもあると宣言されており、不平等な階層制社会とは多くの点で相容れないものだ、と主張されてきた。ところで、「資本主義的世界経済」が新しい地域を吸収して膨脹してゆく過程――経済構造の周辺化と、インターステイト・システムに組み込まれてその制約を受ける脆弱な国家機構の創出――にあっては、いろいろな文化的圧力が作用する。キリスト教への改宗、ヨーロッパ語の押しつけ、特定の技術や生活習慣の強要、法体系の変更などがそれである。こうした変革は、多くの場合、武力によって強制もされた。「教育者たち」による説得によったものもあるが、その場合も「教育者たち」は、究極的には軍事力を背景としてその権威を維持していたのである。これこそ、われわれがしばしば「西欧化」とよび、ときによっては、もっと傲慢に「近代化」などと称してきた複合的な過程なのである。普遍主義のイデオロギーが生み出す成果の分け前にあずかり、そのイデオロギーを共有することは望ましいことだという理由で、この複合的過程は正当化されてもきたのである。

このように文化の変革が強要された背景には、二つの主要な動機があった。ひとつは、経済効率の問題である。特定の人びとに特定の仕方で経済活動をさせることが望ましいのだとすれば、かれらにはそのために必要な文化規範を叩き込み、それと対立する文化規範を一掃しておくのが効率的であった。第二の動機は、政治的安定の保障を得たいということにあった。周辺地域のいわゆるエリート層が「西欧化」できれば、かれらは現地の「民衆」からは切り離され、叛乱に走る可能性が少なくなる――叛乱の追随者たちを組織し難くなるはず――と信じられたのである。このような予測は、歴史的には大誤算であったことがやがて判明するわけだが、当面は説得力があり、じじつその通りにことが運ぶように見えたのである。(なお、文化変革が強制された第三の動機をあげるとすれば、征服者の側の「(異教の)神に対する思い上がり《ヒブリス》」があげられよう。この点を軽視するつもりはないのだが、この点を考慮に入れなくても、周辺化された地域が被った強烈な文化的圧力は十分に説明ができそうなので、そのことには触れない。)

人種差別が世界的な直接生産者の管理機構として作用したのに対し、普遍主義は他国のブルジョワジーや世界中の中産層に影響を与え、かれらの活動をして生産過程の統合を徹底的に強め、インターステイト・システムの作用を円滑にして資本蓄積の進行を助ける方向へ向かわせる役割を果たした。しかし、このことが可能になるためには、「ナショナルな」変種に接ぎ木できるような世界的・ブルジョワ的な文化の枠組みをつくり出すことが不可欠であった。このことは、科学と技術にかんしてとくに重要な意味をもっていたが、政治思想や社会科学にかんしてもまた重要であった。

こうして、世界的分業体制における幹部層は中立的で「普遍的」な文化という観念に「同化」されてゆくのだが――ここで「される」という受動態を用いたことには意味がある――、この観念こそは、世界システムが歴史的に発展してゆくにつれて、その支柱のひとつとして機能するようになった。

進歩を崇《あが》め、さらには「近代化」を賞讃することによって、この思想体系は完成した。それは本当の意味での社会行動の規範としてよりも、世界システム内の上流階層への恭順を表わすと同時に、自らその一部に連なっていることを示すステイタス・シンボルの役割を果たした。宗教色の濃い〔伝統的な〕知的・文化的基礎は狭隘《きょうあい》にすぎると考え、他方、科学的なそれは諸文化を貫くものだとしてこれを称揚するというこのやり方は、とくに破壊的な文化帝国主義の自己正当化に役立ちもした。この文化帝国主義こそは、知的解放の名において支配をし、懐疑主義の名において強引に影響力を及ぼしたのである。

資本主義にとって重要な意味をもつ合理化の過程をすすめようとすると、この合理化を実践する専門家からなる中間層、たとえば官僚、技術者、科学者、教育者などをつくり出すことが必要になった。技術も社会システムも複雑になってきただけに、この階層が十分大きくなっていることが必須条件であったし、そればかりか時の経過に伴ってどんどん拡大させてゆくことも不可欠であった。この階層を維持するために使われた資金は、全地球的余剰から引き出されたのだが、たてまえとしては企業家や国家が負担したというかたちをとった。したがって、初歩的ではあるが根本的でもあるこのような意味において、こうした世界的分業の幹部層はブルジョワジーの一部なのであり、経済的余剰の分け前にあずかる権利があるというかれらの主張は、二〇世紀に入って「人的《ヒューマン・》資本《キャピタル》」という概念がつくられて、ぴったりのイデオロギー形態を与えられた。こうした幹部層は、世帯の相続財産として相伝すべきほんらいの意味の資本はあまり持っていないから、自分の子供たちが、将来の有利な地位を保障する教育コースに優先的に入れられるようにすることで、成功を確かなものにしようと努めてきた。この優先権は便宜上、学力というかたちで表示され、狭く解釈された「機会の均等」という概念によって正当化できると考えられてきたのである。

　こうして、科学的な文化こそは、世界中の資本蓄積者の最愛の法典となった。それはまず第一に、かれら自身の行為と、それによってかれらが特別の報酬を得ていることの両方を正当化するのに役立った。それはまた、技術革新を促進し、生産効率の改善に障害となるものは何であれ、厳しく取り除くことを正当とするのに役立ったし、すべての人間に利益を与えるはず——すぐにというわけではなくても、究極的には——と考えられたある種の進歩をもたらしもした。

　しかし、科学的な文化は、たんなる合理化だけを意味するものではなかった。それはまた、必要とされた制度や構造に属する多様な幹部層の社会化の一形態でもあった。労働者にとってはそうはいえないのだが、幹部層にとってはこれがいわば共通の言語となったわけで、その結果、上流階級の階級としての結束を固め、幹部層のうちでもさもなければ叛乱に走りそうな部分が、実際に叛乱の指導者となる可能性ないし程度を弱める一手段となったのである。そのうえ、この科学的文化は、こうした幹部層を再生産する、柔軟性に富んだ機構ともなった。つまり、科学的文化は、かつては「才能に基づく自由競争 la carrière ouverte aux talents」と呼ばれ、いまでは「能力主義社会《メリットクラシー》」として知られている概念にぴったり適合したのである。社会的文化は、全体としての労働力配置のハイアラキーを脅かすことなく、個人の流動性を保障しうるような枠組みを生み出した。というより、能力主義の社会は、既存の労働力のハイアラキーをむしろ強化したのだともいえよう。最後に、作戦としての能力主義とイデオロギーとしての科学的文化とは、史的システムとしての資本主義の底流となっている諸作用を人びとに気づかせないように被い隠すヴェールともなった。科学的な活動の合理性を徹底的に強調することで、あくなき資本蓄積の不合理性が被い隠されたのである。

表面的には、普遍主義と人種主義とはまったく矛盾した教義であるとまでは言わないにしても、奇妙な組み合わせにはみえよう。一方は開放的なのに、他方は閉鎖的であり、一方は平等化を主張しているのに、他方は両極化を狙うものである。一方は理性的な議論を呼びかけているのに、他方は偏見を吹き込むものである。しかし、この二つの教義は、史的システムとしての資本主義の発展とときを同じくしてひろがり、普及したものである以上、両者は結構両立しえたのかもしれないという観点から詳しく検討してみるべきであろう。

普遍主義には、どこかひとの気を惹くところがあった。それは自然にひろがり、発展したイデオロギーではなく、世界的・歴史的システムとしての資本主義において経済と政治の実権を握ってきた人びとによってひろめられたものである。普遍主義は、強者から弱者への贈り物としてこの世界にもたらされたのだ。「われ、ギリシア人を恐る《ティメオ・ダナオス》。たとえかれらが贈り物をたずさえてこようとも《エト・ドーナ・フェレンテス》(3)！」である。しかもこの場合には、贈り物自体のなかに、人種差別が隠されていたといえる。というのは、普遍主義というこの贈り物をされた側は、次のような二者択一を迫られたからである。すなわち、この贈り物を受け取ることによって、知的実力のハイアラキーにおいて自らが劣位にあることを認めるか、さもなければこの贈り物を拒絶するか、いずれかの方法を選ばなければならなかったのである。しかし、後者の途は、それを使えば将来、現実の不平等な権力状況を逆転させられるかもしれない恰好の武器を入手する機会を、自ら放棄することを意味した。

新たに特権階級に組み込まれつつあった幹部層でさえ、普遍主義の呼びかけについては決断がつかず、熱狂的にこれを信奉したいという気持ちと、その中にひそんでいる傲慢な人種差別に対する反感からこれを拒否したい気持ちとのあいだで、揺れ動いたのも不思議ではない。こうした愛憎相半《アンビヴァレンス》ばする感情は、「ルネサンス」の名を冠せられた多くの文化運動によって表現された。ルネサンスという言葉自体は世界中至るところで使われてきたが、いずれの場合も、こうしたどっちつかずの感情を表わしたものである。

ルネサンス、つまり再生について語ることで、ひとは自分の属する社会にも文化史上、かつて栄光の時代と形容できるような時代があったのだということを確認したことにもなるのだが、そのことはまた同時に、いまでは文化的に劣位にあることを自白したことにもなったのである。そもそも、ルネサンスという言葉そのものが、ヨーロッパ文化史からの借りものであった事実は動かしがたい。

世界システムの労働者層となると、幹部層とは違って、こんな中途半端な感情にさいなまれることはなかっただろうし、ましてやかれらが上流層の聖餐式に出ることはなかっただろう、と考えるむきもあろう。しかし、実際には、世界の労働者の政治的意志表示である反システム運動も、そっくり同じ相互に対立する感情の併存に悩まされていたのである。すでにみたように、反システムの諸運動は、それ自体普遍主義イデオロギーの最初の産物であった啓蒙主義をイデオロギーの外衣としてまとっていた。このために、反システム運動はいわば自ら文化上の罠を仕掛けた結果となり、しかも自分の仕掛けた罠に自分ではまってしまって、以後ずっと抜け出すことができないことになったのである。これらの運動は史的システムとしての資本主義の打倒をめざしながら、まさに打倒すべき相手である「支配階級」の思想そのものから出てきた戦略を用い、支配階級のそれと同じ性格の中期目標を設定していったのである。

反システム諸運動のなかでも社会主義を標榜した運動は、はじめから科学の進歩に身をゆだねてきた、ということができる。自分以外の思想家を「ユートピア主義者」として非難し、かれらから自分を区別することに熱心であったマルクスは、自分が弁護しているのは「科学的社会主義」だと主張した。かれの著作をみると、資本主義がいかに「進歩的なもの《プログレシヴ》」であるかという点がおおいに強調されている。社会主義はまず「最先進」諸国で成立するだろうというかれの予想は、社会主義が資本主義の発達(に対する反作用として成長するだけでなく)、その結果として発展する傾向をもっているはずだという認識を示唆している。社会主義革命は、こうして「ブルジョワ革命」と競い合いながらも、そののちに生じることになろうというのが、マルクスの予想であった。したがって、なおブルジョワ革命を経験していない国では、ブルジョワ革命を促進することが社会主義者の使命である、とさえ言う者が現われたりもした。

第二インターナショナルと第三インターナショナルのあいだには明らかな見解の相違があったが、しかし、ここにみた認識論の点では両インターに差違はなく、どちらもこうした見方を共有していたのである。じっさい、社会民主主義者も共産主義者も、いざ権力の座につくと、生産手段の開発を最優先する傾向を示した。「共産主義とは社会主義と電化である」というレーニンのスローガンは、いまでもモスクワのあちこちの街路にぶら下げられた垂れ幕に大書されている。これらの運動は——社会民主主義のそれであれ、共産主義のそれであれ——いったん権力の座につくと、「一国社会主義」というスターリンのスローガンを実践した。その結果、必然的に、グローバルな資本蓄積に絶対不可欠な万物の商品化の過程をいっそう推進することになった。また、そうした運動がインターステイト・システム内にとどまる限り——じっさい、いずれの運動体も、他の諸国による追放の試みが執拗になされたにもかかわらず、これに抗して必死にとどまったのである——現実にひろく世界的に受け入れられている支配的な価値体系を受容し、それを強化する方向に向かわざるをえなかったのである。「社会主義的人間」とは、要するにテイラー主義[4]の猛烈人間のことであるようにもみえるのだ。

むろん、啓蒙主義のもつ普遍主義的性格を拒絶し、「世界経済」の周辺地域のために多様な「土着の」社会主義をもり立てようとするような「社会主義的」イデオロギーもたしかにあった。この主張がたんなるレトリックではないとすれば、それは事実上、次のようなことを意味した。すなわち、万物商品化の過程を推進するにあたって、各種の収入をプールする「世帯《ハウスホールド》」という新しい基礎単位をもち出すのではなく、より大きな共同体全体――〔「世帯」に比べれば〕遥かに「伝統的」なものということができる――を単位とすることを意味したのである。しかし、概していえば、たとえ真面目なものであっても、このような試みは結局成果をあげえなかった。しかも、世界の社会主義運動の主流は、こうした試みはいずれも非社会主義的であり、退行的な文化ナショナリズムだとして非難しがちであった。

他方、反システム運動のうちナショナリズムの形態をとったものは、そもそも分離主義的な主張を基本としているだけに、一見したところ、社会主義運動ほどには普遍主義のイデオロギーに依存してはいなかったようにもみえる。しかし、よく見るとこの印象はまったくの誤りであることがわかる。たしかに、ナショナリズムを標榜する個々の運動のなかには、ナショナルな「伝統」や固有の言語、ときには宗教的遺産などの強化を主張したものがあった。しかし、文化ナショナリズムは、本当に資本蓄積者からの圧力に対する文化的抵抗であったのか。実際には、文化ナショナリズムには二つの要素があり、それが互いに逆の方向へむかっていた、というべきであろう。第一に、この文化を支えるべき主体として選択された単位は、既存のインターステイト・システムの一構成員たる国家であることが多かった、という事実がある。結局、こうした国家が、「ナショナルな」文化を外衣としてまとっているだけ、ということも非常に多かったのである。こうなると当然、文化の連続性は事実上歪められ、その歪みはしばしばかなりひどいものになった。ほとんどすべての場合、国家の枠組みにはめ込まれてしまったナショナルな文化を称揚することは、一見、文化の連続性を再確認しているようでいて、必然的にそれとほぼ同じくらいに、ナショナルな文化の抑圧をも結果したのである。それはいかなる場合にも、国家機構を強化し、その結果、インターステイト・システムを強化し、史的世界システムとしての資本主義をも強化した、といえる。

第二に、これらの諸国における伝統文化の再認識を求める主張を比較してみると、それらは形態こそひどく違っていたが、実質的な内容はあまり違わないようになっていったことが明らかになる。言語そのものの形はかなり違うが、語彙《ごい》の一覧表をみると、それほどの相違はない。世界中の宗教がそれぞれの儀式や神学を再活性化されたとしても、その実際の内容をみると、以前ほど大きな差はなくなりはじめたのである。こうして、科学的なものの先駆形態と称するものが、あれこれの名のもとに再発見された。要するに文化ナショナリズムの多くは、巨大な謎解きゲーム《シャレイド》であった。「社会主義の文化」と同じように、文化ナショナリズムは、しばしば近代世界の普遍主義のイデオロギーのもっとも頼りになる守護者でもあった。というのは、文化ナショナリズムというものは、普遍主義というイデオロギーに世界各地の労働者の好みにあった味付けを施したうえ、これをかれらに供したようなものだったからである。この意味で、反システムの諸運動は、弱者に対する強者の文化の仲介者としての役割を果たすことが多く、真に根の深い抵抗の諸源泉を結晶させるというよりは、その効力を失わせる作用をもしてきたのである。

反システム運動が採用した国家権力掌握という戦略に内在する矛盾は、これらの運動が暗黙裡に普遍主義の認識論を受け入れたことと相まって、運動の行方に深刻な影響を与えた。つまり、これらの運動は、しだいに幻滅という現象と闘わざるをえなくなったのである。ところが、この現象にイデオロギーをもって対処するとすれば、史的システムとしての資本主義を正当化するのにこれまで使われてきた主な主張をむしかえす以外にない。すなわち、進歩《プログレス》というものには、それだけで自動的かつ否定しがたい価値がある、という主張がそれである。進歩という言葉を、いまのソ連で一般に使われている「科学技術革命」という言葉に置き換えても、結局は同じことである。

二〇世紀に入るとともに提唱されはじめた、アヌアール・アブデル＝マレクのいう「文明化計画」[5]が、とくに一九六〇年代以降、猛烈に力を強めるようになった。「土着《エンドジェナス・》の代替物《オールタナティヴズ》」という新語は、古臭い普遍主義をめざす文化ナショナリズムの命題の言いかえにすぎないと受け取られることが多かったが、逆に、この命題には認識論的にまったく新しい内容があると考えた人びともいた。というのは、「文明化計画」の問題がもち出されたことで、そもそも超歴史的真理などというものが実在するか否かという問題がむしかえされたからである。たしかに、史的システムとしての資本主義のもとでの権力の実態や経済の規範を反映した形態の真理が、全地球的にもてはやされ、普及してしまっている。このことが紛れもない事実であることは、すでに検討した。しかし、この形態の真理なるものを探したからといって、現下の史的システムの崩壊過程をみるうえで、いかほどの光を投げかけてくれようか。あくなき資本蓄積を基礎とする史的システムに代わって、どんな代替物がありうるのか、という問題に対しても、こんな形態の真理の探究が役に立つといえるだろうか。問題はそこにあるのだ。

〔「土着の代替物」をベースとする〕この本質的に新しい形態の文化レジスタンスには、物理的な基礎もあった。世界中のいろいろな反システム運動が次々と民衆動員をかけた結果、ときがたつにつれて、経済的にも政治的にもこのシステムが機能してゆくのに大して意味のない人びとをまで動員せざるをえなくなった。つまり、結局はどこまでいっても、このシステム内で蓄積された余剰の分け前にあずかれそうにもない人びとまでが動員されたのである。と同時に、こういう運動自体が次々と非神話化され、その内部に含まれる普遍主義イデオロギーの再生を難しくしてもきた。その結果、これらの運動は、運動自体の前提に疑いをさしはさむような人びとにも、どんどん開放されることになってしまったのである。一八五〇年から一九五〇年までの世界の反システム運動の構成員を、一九五〇年以降のそれと対比すると、後者では周辺地域の人びと、女性、「少数派」集団——定義は多様だろうが——に属する人びと、労働者のなかでも熟練度がもっとも低く、最低の報酬をしか得ていない階層の者などが、どんどん増加していることに気づく。世界全体でいってもそうだし、各国の国内をみてもそういえる。また、運動の全構成員についても、その指導者層に限ってみても、同じことがいえよう。運動の社会的基盤のこうした移動は、世界中の反システム運動の文化的・イデオロギー的傾向をも変えずにはおかなかったのである。

以上、ひとつの史的システムとして、資本主義が実際のところどのように作動してきたのかを説明しようと努めてきた。しかし、史的システムとは、文字通り歴史的なものでもある。それらはいずれも、生まれ出で、やがてその内部で矛盾が激化して構造的危機をひきおこし、結局は内部から崩れて消滅するものである。構造的危機は強烈なものであり、長期にわたるものでもある。いわばそれは、演じ切るのに時間のかかるドラマなのである。史的システムとしての資本主義は二〇世紀初頭から構造的危機に陥っており、次の世紀のどこかの時点で別の史的システムに取って代わられることになろう。しかし、あとにくるものが何であるのかは、予見がきわめて困難である。いまわれわれにできることは、現下の構造的危機そのものの諸局面を分析し、この構造的危機がわれわれをどんな方向に連れて行ってくれるのかを知ろうとするくらいのことである。

この危機の第一の、そしておそらくもっとも根本的な局面は、いまや万物の商品化が完結の域に近づいているということである。つまり、史的システムとしての資本主義はあくなき資本蓄積を追求してきた結果、アダム・スミスが人間にとって「自然な」状態だと主張したにもかかわらず、歴史的にはいまだかつて存在したことのない状態に近づきはじめているわけで、まさにこの事実そのものによって危機に陥っているのである。「ひとつのものを別のものに交換し、交易し、取り換えたいと思う性向」が、従来は触れられることのなかった分野や地域にも浸みわたり、商品化の過程を促進する圧力には、ほとんどブレーキが効かなくなっているのである。市場とは社会的生産関係を隠蔽するヴェールだ、と論じたのはマルクスである。しかし、この主張が正しいと言えるのは、次のような理由においてだけである。すなわち、直接的で局地的な余剰の収奪に比べれば、間接市場による――つまり、地域外からなされる――余剰の収奪はなかなか知覚されないだけに、世界の労働者のために政治闘争を展開するのは至難だという意味でしか、マルクスの言い分は肯定できないのである。むしろ、「市場」は一般的な尺度である通貨の量〔つまり、価格〕をベースとして動いてきただけに、搾取の実態を被い隠すどころか、おおっぴらにしがちであった。そこで資本蓄積者が政治的救命ネットとしてあてにしてきたのが、労働のうち金銭で測られてきた部分はほんの一握りにすぎないという事実である。ところが、労働力の商品化がどんどん進行し、世帯が商品関係の結節点になってゆくにつれて、それだけいっそう余剰の流れが人目につきやすくなってきているのである。この結果、政治的抵抗の圧力が強まり、資本主義的経済構造そのものが、ますます政治的動員の直接目標になってしまう。したがって、資本蓄積者は労働力のプロレタリア化を促進するどころか、できるだけそれを遅らせようとすることになる。しかし、かれら個人の利害と階級全体としてのそれが矛盾するだけに、ひたすらその方向にむかうというわけにもいかないのである。

この過程は着実に、休みなく進行しており、「世界経済」があくなき資本蓄積によってつき動かされている限り、抑制することはできない。資本主義という世界システムは、疲弊の原因となる行動を抑えて寿命をいくらか延ばすことはできるかもしれないが、すでに死の影が絶えず地平線のあたりに漂ってもいるのである。

資本蓄積者がこのシステムの延命を図る場合のひとつのやり方は、ある種の政治的束縛をシステム内に組み込む方法であった。この束縛によって、反システムの諸運動を、公然たる組織をつくって国家権力の奪取を基本戦略とする以外にない状況に追い込むのである。反システムの諸運動にとっては、実際にはまったくほかにとるべき方法はなかったのだが、この戦略はまた自己制約的でもあった。

しかし他方では、すでにみたように、この戦略そのものがもつ矛盾が、政治面での危機の原因となってきたことも事実である。むろん、ここで言っているのはインターステイト・システムの危機ではない。インターステイト・システムそのものは、なおそのハイアラキー的構造を維持し、反対運動を抑え込むというその第一の使命を十分に果たしているからである。ここでいう政治的危機とは、反システム運動そのものの危機である。社会主義運動とナショナリズムのそれとの区別が曖昧になりはじめており、こうした運動が次々と国家権力を――それに付随する諸々の制約をもひっくるめて――握るにつれて、世界の諸運動をひとつの集合体としてみると、一九世紀の諸分析が示した純粋な評価は再検討せざるをえなくなってきた。資本蓄積者が資本の蓄積に成功すればするだけ、肝心のシステム自体を脅かすほど行きすぎた商品化をひきおこしたのと同じように、反システムの諸運動が次々と権力の奪取に成功すると、世界の労働者層がこの自己制約的な戦略を採用することで崩壊の危機に瀕するはずであったシステムそのものの、あまりにも強力な援軍となってしまったのである。

最後に、危機は文化の危機でもある。反システム運動の危機、つまり基本的な戦略の問い直しは、普遍主義のイデオロギーに対しても疑問を抱かせることになる。この過程は二つの領域で進行する。すなわち、「文明化」に代わる目標が初めて本気で模索されるようになることがひとつ。いまひとつは、一四世紀以来の知的活動の基本装置が、しだいに疑問視されるようになってきたことである。この点でも、問題はことがうまく運ばなかったためではなくて、むしろ成功した結果として生じてくるものである。自然科学の世界では、近代的・科学的な方法論によって生み出された研究の内的なプロセスそのものが、結局、その前提となる普遍的諸法則の実在に疑いを抱かせるようになるのである。今日では、科学にも「時間的制約《テンポラリティ》」の観念をもち込むべきだという議論がなされている。社会科学というものはある意味では他の科学とあまり関係がないが、角度を変えてみれば諸科学の女王――つまり、諸科学の集大成――ともいえるものである。ところが、この分野においても、開発論者のパラダイム全体が、今日ではその核心部について、あからさまに疑問を投げかけられている。

それゆえ、学問上の論争《イシューズ》の再開は、一方ではシステム内部における成功の結果でもあれば、またその内部矛盾の産物でもある。しかし、それはまた同時に、史的システムとしての資本主義の諸構造に対抗してこれと闘い、しだいに戦果をあげはじめた諸運動の産物でもあった。これらの運動それ自体もいまでは危機に陥っているのだが、史的システムとしての資本主義の構造的危機こそが、他のすべての動向の根源となっていることは間違いない。

史的システムとしての資本主義の危機は、資本主義から社会主義への移行過程の反映とみなされることが多い。こういう表現が間違いだとは思わないのだが、だからといって、このように言うことにはとくに意味があるとも思えない。というのは、社会主義的な世界秩序――すべての人間のあいだで、物質的な福祉の点でも、政治権力の点でも、格差や不公平が決定的に少なくなるような世界秩序――がどのように機能してゆけるかは、誰にもわかっていないことだからである。社会主義を標榜している既存の国家や運動は、未来を指し示すガイドとしてはほとんど何の役にも立たない。それらはあくまで現在の現象であるにすぎず、したがって、歴史的・資本主義的な世界システムのなかで起こっている現象であるにすぎない。とすれば、こうした国家や運動は、いずれも現存する世界システムの枠組みのなかで評価されるべきものである。それらは、すでにみてきたように、資本主義を没落させる要因ではあったかもしれないが、しかし、それも決して一概には言いえないところがある。未来の世界秩序そのものは、われわれのほとんど想像もつかない仕方、予見などしようもないかたちで、徐々に形成されつつあるのだ。したがって、それが良いものになるはずだなどと考えるのは飛躍のしすぎだし、いまよりはましなものになるだろうと考えることさえ、いささか行きすぎというものだ。しかし、これまでわれわれがそのなかに包まれてきた資本主義という史的システムがひどいものであったことは周知のとおりだし、しかも歴史の進行につれて――まさにそれが大成功を収めたがゆえに——良くなるどころか、どんどん悪くなってきているというのが、私の率直な見解である。

訳註

（1）D. S. Landes, *The Unbound Prometheus: Technological Change and Industrial Development in Western Europe from 1750 to the Present*, London, 1969（石坂昭雄・富岡庄一訳『西ヨーロッパ工業史』Ⅰ・Ⅱ、みすず書房、一九八〇、八二年）。プロメテウスが科学技術を指すことは、言うまでもない。

（2）「レイシズム」は「普遍主義」などとの対比で語感が悪い場合を除き、「人種差別」と訳した。「性差別」との語感統一のためである。

（3）ヴェルギリウス『アエネイス』よりの引用。

（4）テイラー主義とは、労働者の公正な一日の作業量（課業）を算定し、これを基準として作業の時間的管理をはかるもの。課業管理。

（5）Anouar Abdel-Malek, 'Le projet de civilisation.....Positions', in *Les conditions de l'indépendance nationale dans le Monde Moderne*, Actes du Colloque International Institut Charles de Gaulle (21–23 déc. 1975), Paris, Ed. Cujas, 1977, pp. 499–509.

Ⅳ　結　論——進歩と移行について

近代世界と結びつき、その頂点を飾っている思想をひとつあげるとすれば、それは進歩の思想ということになろう。むろん、こう言ったからといって、すべての人が進歩を確信してきたなどと言いたいわけではない。フランス革命時代にもあったが、主としてはそのあとから起こった保守派と自由主義者のあいだの大イデオロギー闘争において、保守派の立場の基礎となったのは、現にヨーロッパや世界が経験しつつある諸変化が進歩を意味するものだという主張への疑念であり、そもそも進歩などという概念そのものが適切で意味のある概念なのかどうかという疑念であった。しかし、周知のとおり、時代を先取りしたのは自由主義者であり、一九世紀にこの長命な「資本主義的世界経済」の主流をなすイデオロギーとなったのは、自由主義者のそれであった。

自由主義者たちが進歩を確信したのは、驚くにはあたらない。進歩の観念こそは、封建制から資本主義への移行過程全体を正当化するものであった。それは、万物の商品化に反対する〔封建〕遺制を打倒する行為を正当化し、弊害を遥かに凌駕する利益があるという理由で、資本主義批判を一掃する役割をも果たした。このような事情からすれば、自由主義者が進歩を信じたのはけだし当然であった。

むしろ、驚くべきことは、かれらのイデオロギー上の敵対者であったマルクス主義者たちが——反自由主義的で、抑圧された労働者階級の代弁者であったはずなのに——、少なくとも自由主義者たちに負けず劣らずの情熱をもって、進歩を信じたことである。この進歩への確信こそは、疑いもなく、かれらにとって重要な意味をもつイデオロギー上の目的にも役立ったのである。というのは、この確信によって、世界の社会主義運動こそは歴史の必然的な発展の方向を身をもって示すものだとして、その活動が正当化されたからである。そのうえ、このイデオロギーを提唱することは、ほかならぬブルジョワ自由主義者の思想をかれら自身を打倒するために逆用することになるわけで、この点でもきわめて賢明な作戦のようにも思えた。

しかし、進歩に対してこのように見るからに熱烈で熱狂的な確信を何年間も抱き続けてきたことは、〔マルクス主義者にとって〕二つの点でいささか問題であった。ひとつには、進歩の観念はたしかに社会主義を正当化してくれたのだが、それはまた同時に資本主義をも正当化した。つまり、まずブルジョワジーをもちあげてからでなければ、プロレタリアートに讃歌を捧げることができなかったのである。この点については、マルクスのインドについての記述をみれば十分な証拠が得られるが、『共産党宣言』においてさえ容易に検証できる。それに進歩史観における進歩の尺度は物質主義的なものであったから——マルクス主義者であれば、この点に異を唱えることはできなかったはずである——、進歩の観念は裏返しにされて、「すべての社会主義的実験」に反対する根拠とされる可能性があったし、じじつ過去五〇年間にわたってそうされてきたのである。生活水準がアメリカに及ばないという理由でソ連を批判することは、むしろ常套《じょうとう》手段化している。そのうえ、フルシチョフの誇らしげな予測とは裏腹に、実際にはこの格差は今後五〇年くらいでは解消されそうにもない。

マルクス主義者が進歩という進化論的モデルを取り込んだことは大きな落し穴になったが、このことに社会主義者が気づきはじめたのはごく近年のことでしかない。このことは、いわば「資本主義的世界経済」の全面的・構造的な危機の一部であるイデオロギー的危機の一要因なのである。

史的システムとしての資本主義が、それ以前に存在していたものの、このシステムの成立によって破壊され、変容させられた諸々の史的システムと比べて進歩を意味しているなどというのは、まったく正しくない。このように書いているあいだにさえ、私は瀆《とく》神《しん》行為を冒しているような気がして戦慄を覚える。異教の神々の霊を私は怖れるのだ。というのは、私自身、わが友人諸氏とまったく同じイデオロギーの鋳型のなかで固められてきたし、かれらと同じ神をあがめてきたからである。

進歩を分析するに際して問題になることのひとつは、そこで用いられる尺度がどれもこれも一方的なものだということである。科学や技術が進歩してきたことについては疑問を抱く余地はなく、息を呑むほどのものだ、といわれている。このことはいちおう事実だし、とくに技術にかんする知識が累積的だという意味ではそのとおりである。しかし、普遍主義のイデオロギーが世界を席捲する過程で失われた知識もあるはずなのだが、その量はどれくらいだったのか。こんなことを論じた人はひとりもいない。仮にそういう人がいたとしても、そうして失われた知識は、ただの(?)生活の知恵程度のものだったのだ、として片づけられてきたのである。しかし、たんなる技術水準の問題としてみても、農業の生産性や全生物にかかわる生態学的な観点からみると、一世代も二世代もまえに捨てられたやり方が、その方が効率が高い——低いのではなく——からという理由で復活させられなければならないといったことが、近年しばしば起こっている。さらに重要なことに、もっとも先端的な「最前線」の科学においても、一世紀どころか五世紀もまえに堂々と否定された諸前提が、仮説として再びとりあげられたりもしているのである。

史的システムとしての資本主義は、技術の発達を通じて人間に手の届く範囲をひろげてきた、といわれる。投入される人間のエネルギーに対する生産物の産出量は着実に増えてきたともされており、そのこと自体に間違いはない。しかし、このことは、個人なり「資本主義的世界経済」のなかにいる住民全体なりが、一定の時間を単位としてであれ、生涯を単位としてであれ、投入せざるをえないエネルギーの総量を増やしたのか、減らしたのか。こうした計算をした者はひとりとしていないのだ。しかし、実際のところ、この世界が先行諸システムのもとにあったときに比べて、史的システムとしての資本主義のもとでは〔エネルギー投入の〕負担が軽くなっていると断言できるだろうか。この点に疑問を抱くべき理由は十分にある。われわれの無意識的良心《スーパーエゴ》(1)そのもののなかに、自らを労働へ向かわせる強迫観念が組み込まれてしまっているという事実が、その何よりの証拠ではないか。

資本主義以前の史的システムのもとでは、人びとはいまのシステムのもとにおけるほど物質的に恵まれた人生は送れず、これほど自由にヴァラエティに富んだ生活体験をもつこともできなかった、ともいわれる。ここでもまた、例によってわれわれ自身の生活をごく近い祖先のそれと対比してみると、これらの主張はいかにも正鵠を射ているようにみえる。しかし、この点でも、二〇世紀を通じて徐々に疑念がひろがってきていることも事実である。いまやわれわれが、「生活の質」を問題にしたり、アノミー化・疎外、精神の疾患などについてますます関心を深めたりしているのもそのためである。最後に、史的システムとしての資本主義は人間の安全性を圧倒的に高めた、ともいわれる。このシステムこそは、いつでもある慢性的な怪我や死の危険——ヨハネ黙示録の馬上の四人(2)——や突然の暴力によるそれらから人びとを守ってくれる、というのだ。この主張もまた、ミクロの次元では——近年、都会の生活ではまた危険が増しているという事実を別にすれば——反論のしようがない。しかし、マクロのレヴェルでは、今日においても、こういうことが言えるとは思えない。核戦争の危険というダモクレスの頭上にぶら下げられた剣(3)のことは問わないにしても、である。

いずれにしろ、千年前に比べれば、今日の世界が自由や平等や友愛に満ちているのは自明のことだなどとは、とうてい言うことができない。むしろ、事実はその正反対だと言うべきであろう。むろん、史的システムとしての資本主義が成立する以前の諸世界をバラ色の田園としてイメージするつもりはない。それらは、自由も平等もほとんど認められず、友愛にも欠けた世界であった。ただ、問題は、史的システムとしての資本主義がこれらの点で進歩を示したのか、それとも退歩したのか、ということなのだ。

残虐行為の相対的な程度については言うまい。その水準を測定するものさしをつくるのは難しいし、憂鬱でもあろう。もっとも、この面でも、史的システムとしての資本主義の記録は、あまり威張れたものではないはずなのだが、二〇世紀の世界は、残虐行為というような古くからある技術にかんしては、異様なほど洗練された才能を示した、ということもできよう。あくなき資本蓄積競争の結果として生じた膨大で、まったく信じられないほどの社会的浪費――いまや取り返しのつかないところにまで近づいている――についても、ここでは触れない。

ここではむしろ問題を物質的な側面に絞りたいし、社会の将来について論じるよりは、すでに現実にある「資本主義的世界経済」の時代について論じておきたいのである。私の主張はいささか大胆ではあるかもしれないが、ごく単純なことなのである。いまではオーソドックスなマルクス主義者でさえ恥ずかしくなって知らん顔をするようになってしまったマルクス主義の一命題を擁護しようというのである。つまり、いわゆるプロレタリアートの絶対的――相対的ではない――窮乏化法則を弁護したいのだ。

こんなことを言うと、親しい友人たちでさえこう囁くに違いない。「まさか本気じゃないんだろう」、「相対的窮乏化のことを言おうとしているのだろう」、「いまの工業労働者は一八〇〇年のそれに比べると、目を見張るくらい良い暮らしをしているじゃないか」、と。工業の労働者については、たしかにそうも言えるだろう。しかし、工業に従事する労働者などというものは、いまでも世界の人口のなかでいえば少数派でしかない。世界の労働人口の大多数は農村地区に住んでいるか、農村と都市のスラムのあいだを往ったり来たりしている人びとで、かれらの生活は五〇〇年前の祖先たちのそれに比べて悪化しているのである。食糧は不足しているばかりか、栄養のバランスも悪くなっている。(特権層を保護するためにつくられた環境衛生設備のお蔭で)生まれた子供が満一歳まで生き延びる可能性は高まったけれども、世界の人口の大半にとって一歳以後の生存期待年数が昔に比べて上がっているかどうかは疑問で、むしろ逆のような気がする。かれらに課される労働は文句なしに厳しくなっているし、一日当りでも、一年当りでも、生涯全体でも、労働時間が長くなっている。しかも、かれらはこうした労働をしながら、以前より少ない報酬をしか得ていないのだから、搾取率は急カーヴで上昇してきたことになる。

かれらは政治的・社会的にいっそう抑圧されるようになったのだろうか。それとも経済的に搾取を強化されたのだろうか。この点の分析は難しい。ジャック・グーディが言うように、(4) 社会科学には幸福の度合いを測るメーターは存在しない。資本主義以前の社会システムのもとでは、ほとんどの人びとは小さな共同体のなかで生活をしていたわけだが、こうした共同体では一種の社会的規制が効いていて、個々人にはその行動について選択の余地もあまりなかったし、そもそも社会的多様性そのものがあまりなかったと思われる。これを積極的な抑圧と感じた人が多かったことは疑いえないし、これにある程度満足した人びとの場合も、人間の可能性をごく狭く考えざるをえなくなるという犠牲は払わざるをえなかったのである。

史的システムとしての資本主義をうち立てるためには、こうした小共同体機構の果たす役割をどんどん小さくし、最終的にはまったくなくしてしまいさえすることが必要であったこと、周知のとおりである。しかし、こうした小共同体にとって代わったものは何だったのか。多くの地域では、かつて小共同体機構の果たしていた役割は、長期にわたって「プランテーション」によって代行された。つまり、「企業家」によって運営される大規模な政治・経済機構による抑圧的管理《オプレッシヴ・コントロール》が一般化したのである。「資本主義的世界経済」における「プランテーション」は――奴隷制に基づくものであれ、囚人労働によるものであれ、分益小作制度であれ、賃金労働によるものであれ――「個人」にとっての活動《リーウェイ》の余地をひろげたとはいいにくい。「資本主義的世界経済」のもとにおける「プランテーション」は、非常に効率のよい剰余価値収奪の形式だということができる。それは明らかに人類史上もっと以前から存在していたが、従来は、鉱業や土木事業とは違うほんらいの意味での農業生産には広汎に採用されることのなかった生産様式である。鉱業や土木建設工事では、これまでも「プランテーション」が採用されたこともあるが、しかし、全般的にみると、そこで使われた人びとはほんの一握りでしかなかったことも確実である。

農業生産の管理は、以前の共同体機構による比較的緩やかなものから、具体的な形態には若干のヴァラエティがあるが、いずれも直接的で権威主義的なもの――ここでいう「プランテーション」――に置きかえられることが多かった。しかし、そうならなかったところでも、農村部における共同体機構の崩壊は「解放」とは受け取られなかった。

というのは、それに続いて必ず、いまやその姿を現わしはじめた国家機構による管理の強化がみられたからである。というより、共同体の崩壊は、しばしば国家による管理の強化に直結したのである。ようやく姿を現わしはじめた国家機構は、直接生産者が地域内で自立的に諸決定を行なうことを、しだいに拒否するようになっていったという事実もある。こうして万事が労働の投入量を増やし、労働の専門化——このこと自体、労働者からみれば、その交渉能力を弱め、倦怠感を増すものである——を推しすすめる方向に作用した。

これがすべてでもなかった。史的システムとしての資本主義は、以前にはまったく存在しなかった差別(oppressive humiliation)のためのイデオロギー装置を発展させた。すなわち、今日いうところの性差別と人種差別にかんするイデオロギーの枠組みが成立したのである。もう少し厳密に言えばこうだ。男性の女性に対する優位も、一般化された外国人嫌い《ゼノフォビア》も、すでにみたとおり、資本主義以前の史的システムにおいても広くひろがっており、事実上どこにでも存在した。しかし、性差別とは、たんなる男の女に対する優位を指すのではないし、人種差別もまた、一般化した外国人嫌いというだけのものではない。

性差別は、女性を非生産的労働の領域に追いやった。実際に彼女たちに要求される労働は遥かに厳しいものになったのに、他方では、「資本主義的世界経済」においては人類史上はじめて、生産的労働こそが権利の正当性を保障する基礎であるとされたために、女性は二重に貶《おとし》められたのである。こうして生じた二重の束縛は、資本主義というシステムの内部では解決できないものでもあった。

人種差別というのも、たんなるよそ者、つまり、このシステムの外にいる誰かに対する嫌悪感や抑圧のことではなかった。まったくその反対で、それは史的システムの内部にいる労働者集団に対するものであり、抑圧された集団をシステムから追い出すのではなく、システム内にとどめておくことこそが、人種差別の目標なのである。それは、まっさきに報酬を得る権利をもっているはずの生産的労働に対して、不当に低い報酬をしか支払わないことを正当化する口実となった。つまり、もっとも報酬の低い仕事がもっとも質の悪い仕事なのだと定義してしまうことによって、その口実としたのである。このことはまさに定義そのものにかかわっていただけに、仕事の質が変わったところで、非難のかたちが変わるだけのことであったのだが、他方では、このイデオロギーは、個人が努力をしさえすれば上の階層に上昇できることになっているのだとも宣言した。ここにみられる二重の束縛も、性差別と同じで、資本主義というシステムのもとでは解決しえないものである。

性差別にしろ人種差別にしろ、いずれもいわば社会的過程であったが、そこでは「生物学」が決め手になっていた。生物学的特徴は、直接的な意味ではどう考えても社会的な方法で変更することはできない。したがって、一見しただけでは、社会的に形成されたものでありながら社会的には解消できない構造がここに成立したようにもみえる。しかし、むろん実際には、そのようなことはありえなかった。本当のところは、構造化された性差別や人種差別はそれらを生み出し、またそれらをうまく利用することによって維持されてきた史的システムを全面的に廃止しない限り、解消できなかったということであり、これからもできないだろうということなのだ。

したがって、物質的にも、精神的にも――つまり、性差別や人種差別のことだが――絶対的窮乏化があったのだ。このことはむろん、「資本主義的世界経済」の総人口のうち上から一〇ないし一五パーセントの人びとと、残りの人びとのあいだにみられた余剰の消費の格差がどんどんひろがってきたことを意味している。一見したところそのように見えないのは、三つの事実のためである。すなわち、第一に、実力主義社会というイデオロギーがうまく機能して、個人の流動性をかなり保障し、ときには、労働者のなかの特定の民族・職業集団そのものにも流動性が生じたことである。しかし、こういうことがあっても、統計的にみた「世界経済」の全体像に根本的な変化は生じなかった。というのは、個人(ないし下位集団《サブ・グループ》)に流動性が生じたとしても、それはより下層部分の人口増加——新しい労働者人口の「世界経済」への編入による場合と、階層間の人口増加率の差から生じる場合とがある——によって、相殺されもしたからである。

格差の拡大が見落とされてきた第二の理由は、従来の歴史学や社会科学が、「中産的諸階級」の内部で生じた現象の分析にばかり眼を奪われてきたことにある。つまり、これまでの歴史学や社会科学は、「世界経済」の全構成人口のうち一〇ないし一五パーセントにしかすぎない、自ら生産するよりも多くのものを消費してきた階層のことを、もっぱら分析してきたのである。この部分だけをみれば、たしかに、人口の一パーセント以下である最上層部と本当に「中産的」な部分、つまり幹部層(一〇ないし一五パーセント)とのあいだには、かなり劇的な平準化の傾向がみられた。史的システムとしての資本主義の内部で過去数百年に採用されたいわゆる「進歩的」な政策の大部分は、世界の剰余価値の分け前にあずかったこの小集団の内部における分配の不平等を着実に緩和する効果をもってきた。最上層の一パーセントの人びととの格差の縮小に成功したこの真の「中産層」の勝利の歓声があまりにも高いので、かれら自身と残りの八五パーセントもの人びととの格差がどんどん開いているという現実が見え難くなっているのである。

最後に、格差の拡大が大きな論争の的にならないできている第三の理由は、次のようなことである。ここ一〇年ないし二〇年のあいだには、世界中の反システム諸運動が全体として及ぼす圧力と、経済そのものが成熟点に近づいているという事実とによって、絶対的両極化の速度はいくらか鈍りつつあるかもしれないということがそれである。もっとも、相対的な両極分解は相変わらずの速度で進行しているし、しかも、こうした近年の傾向そのものもかなり慎重に検討されるべきで、絶対的両極化がどんどん進行した過去五〇〇年にわたる歴史的展開の文脈のなかにおいてみなければならないのである。

進歩の観念を生み出した現実というものがどういうものであったかを知ることは、決定的に重要である。というのは、それを知らない限り、ひとつのシステムから別のシステムへの移行が分析しきれないからである。進化論的な進歩の理論は、あとにくるシステムの方がまえのそれより優れている、という仮説を含んでいるばかりか、かつて支配的であった集団に代わって、別の新たな集団が支配的になるという仮定をも含んでいた。したがって、資本主義が封建制に比べて進歩したものであるというだけでなく、そうした進歩は本質的に「地主貴族」(ないし「封建的諸要素」)に対する「ブルジョワジー」の勝利、それも革命的勝利によって、達成されたことになるのであった。しかし、かりに資本主義が進歩を示すものではないのだとすれば、ブルジョワ革命という概念にはどんな意味があるのか。そもそもブルジョワ革命というものはただひとつしかなかったのか、それともそれはいろいろな外見をとって立ち現われるものであったのか。

史的システムとしての資本主義が、進歩的なブルジョワジーが反動的な貴族を打倒した結果として勃興してきたというイメージが間違いであることはすでに論じた。そうではなくて、史的システムとしての資本主義は、古いシステムが崩壊したために自らブルジョワジーに変身していった地主貴族によって生み出された、というのが基本的に正しいイメージなのである。(5) かれらは古いシステムを崩れるにまかせて、どこへ行きつくかわからないままにしておくよりも、思い切った構造上の大手術を試みて、直接生産者を搾取する能力を維持する方法、というより、それをますます強化する方法をとったのである。

しかし、この新しい歴史像が正しいとすれば、資本主義から社会主義へ、つまり「資本主義的世界経済」から社会主義的世界秩序への移行という現在の問題についても、よほど考え方を変えなければならないことになる。これまでは、「プロレタリア革命」の概念は多かれ少なかれ、「ブルジョワ革命」のそれをモデルとしてつくられてきた。ブルジョワジーが貴族を打倒したように、プロレタリアートもブルジョワジーを打倒するだろう、というわけである。このアナロジーこそは、世界中の社会主義運動の戦略を策定する際の基本素材となってきたものである。

しかし、そもそもブルジョワ革命などというものは存在しなかったのだとすれば、プロレタリア革命もまたなかったことになるのだろうか。将来もありえないことになるのだろうか。論理的にも、実証的にも、答えは否である。そうではなくて、移行の問題についての発想法を変えなければならない、ということなのである。まず第一に、既存システムの崩壊に伴う変化と、十分に管理された変革とを区別しなければならない。すなわち、サミール・アミンのいう「退廃」と「革命」の弁別が重要である。アミンによれば、「退廃」はたとえばローマ帝国の崩壊に伴って生じたことがあるし(いままた生じつつある)、これに対して、封建制から資本主義への移行過程で起こったのは、もっと管理の行き届いた諸変化であった、という。

しかし、これですべてというわけでもない。というのは、管理された変革——アミンのいう「革命」——は、すでに論じてきたように、必ずしも「進歩的」とは限らないからである。したがって、労働の搾取という実態に変更を加えない(それどころか、強化しさえする)ような構造の変化と、この種の搾取をなくすか、少なくとも激減させるような構造の変化とは峻別してかからなければならない。つまり、史的システムとしての資本主義から別の何かへの移行が生じるか否かなどということが、現代政治の問題点なのではないのである。そうした移行は、当然、いずれは起こるに違いないのである。現代政治の争点となるべきは、この別の何か、つまり移行の結果として出てくるものが、現下のシステムと比べて倫理的にまったく違ったものになりうるか否か、進歩といえるようなものになりうるか否か、ということなのである。

進歩は必然ではない。われわれはそれを求めて闘っているのだ。しかも、この闘いの形式は社会主義対資本主義というようなものではなく、比較的階級性の薄い社会への移行か、階級を前提とした何か新しい生産様式——史的システムとしての資本主義とは違うが、さりとて必ずしもそれより良いとはいえないもの——への移行か、という闘いなのである。

世界のブルジョワジーが迫られているのは、史的システムとしての資本主義を維持するか、自殺をするかの選択なのではない。「保守的」な態度をとって現在のシステムが崩壊してゆくのを傍観し、結局、なお確かではないが、おそらくはより平等な世界秩序に変容してゆくのを許すか。それとも、勇気をもって移行過程を自ら管理し――この場合、かれらは自ら「社会主義者」の衣裳をまとうことになろう――、少数派の利益のために、世界の労働者の搾取過程がそのまま温存されるような別の史的システムをつくり出そうとするか。これこそが、世界のブルジョワジーが迫られている選択なのである。

世界の社会主義運動や現に社会主義を自称する政権が権力の座についている諸国の歴史は、まさしく世界のブルジョワジーには、こうした政治的選択の可能性がひらかれているという事実の光に照らして評価されるべきである。

こうした評価を下すにあたってまず最初に想起すべき、もっとも重要な事実は、世界の社会主義運動は――すべての革命的、かつ(ないし)社会主義的国家もそうだが――ほかならぬ史的システムとしての資本主義が生み出したものだということである。それらは、現在の史的システムにとって外生的なものではなく、その内部の過程から生み出された排泄物だったのである。したがって、そこには、このシステムのもつ矛盾や束縛がそのまま反映されてもいる。これまでのところ、そこから逃れることはできなかったのだし、今後もできないのである。

これらの運動や国家がもっている欠陥や限界、ネガティヴな影響などは、史的システムとしての資本主義のバランス・シートの一部なのであって、いまだ存在もしていない仮説上の史的システム、つまり社会主義的世界秩序の属性ではない。革命的および(ないし)社会主義的な国家において労働の搾取が強化されていること、政治的自由が否定されていること、性差別や人種差別が根強く残っていることなどは、いずれも新たな社会主義的システムに固有の属性なのではない。むしろそれらの現象は、こういう国々が「資本主義的世界経済」の周辺ないし半周辺地域に位置し続けているという事実との関係で捉えなければならない問題なのである。史的システムとしての資本主義においても、労働者階級が拾えるパンくずがいくらかは残されていたわけだが、それはいつでも中核地域に集中してきたのである。しかもこのことは、いまもなお圧倒的に真理なのである。

したがって、反システム運動やそれが関係してつくりあげた体制は、次のような観点から評価されなければならないのである。すなわち、資本主義をして、確実に平等主義的な社会主義の世界秩序の方向へむかって移行させせようとする世界的な闘争に、それらがどれくらいの貢献をしたかという観点からでなければ、それは正確には評価されえないのである。こうなると、現実の諸過程の作用そのものが矛盾に充ちたものであるだけに、評価は必然的に不明瞭なものとなる。肯定的な力はいつでも肯定的な結果を生むとは限らず、ときとして否定的な結果をもたらすこともある。一方でこのシステムを弱めるものは、別の観点からすると、それを強化することになる。とはいえ、それがどちら向きにも同じ度合いで作用するわけでは毛頭ないのだ。すべての問題がここにある。

従来の反システム諸運動の最大の貢献は、〔民衆〕動員の局面においてみられたことは確実である。叛乱を組織し、意識を変えさせることで、それらは〔民衆の〕力を解放した。しかも、この点での個々の運動の貢献度は、歴史的教訓のフィードバック・メカニズムによって、時間の経過とともにしだいに大きくなってきている。

しかし、いったんこうした運動が国家権力を握ると、運動の内外から反システムの主張を和らげようという圧力がかかり、しかもその圧力は幾何級数的に強まってゆくために、それほどうまくはやってゆけなくなった。もっとも、こう言ったからといって、

「改良主義」や「修正主義」にはまったく意味がなかったなどということにはならない。権力の座についた諸運動は、ある程度まではそのほんらいのイデオロギーからみれば政治犯的であった。それだけにそれは、革命的国家の内部では直接生産者からの、その外部からは反システム諸運動からの組織的な圧力に晒されたのである。

史的システムとしての資本主義がまさにその発展の極に近づいているいまこそ、本当の危険が生じているのだ。万物の商品化がいっそう進み、世界中の反システム運動の力が強まり、合理主義的なものの考え方がひろがり続けているいまこそ、危機なのである。現在の史的システムは、これまでのところ、その論理が部分的にしか貫徹していないがゆえに繁栄してきたのであり、それがほぼ完全に開花しきることは、システムの崩壊を早める結果になる。それに、システムがまさに崩壊しつつあるあいだは、それが崩壊しつつあるがゆえに、移行をすすめる諸勢力の先陣を切る楽隊車がかつてないほど魅力的にみえもしようし、だからこそ、その結果がどうなるかもかつてないほど不透明になるのだ。自由・平等・友愛を求めるわれわれの闘いは容易に先が見えず、闘争の場そのものが世界の反システム運動の内部に位置することもますます多くなろう。

共産主義はユートピアであり、どこにも実在しない。それはメシアの到来、キリストの再生、涅槃《ねはん》入りなど、あらゆる宗教の終末論の化身である。それは歴史的な予測などではなくて、現代の神話なのである。これに対して社会主義は、いつの日かこの世界に実現するかもしれない史的システムのことである。ユートピアへの移行の「一時的」な段階であると自称する「社会主義」なるものには興味がもてない。われわれが関心をもつのは、歴史具体的なシステムとしての社会主義だけである。このような意味での社会主義は、少なくとも次のような特徴をもった史的システムでなければならないだろう。すなわちそれは、平等や公正の度合いを最大限に高め、また人間自身による人間生活の管理能力を高め(すなわち民主主義をすすめ)、創造力を解放するような史的システムでなければならないであろう。

訳　註

(1) 精神分析学の用語で、自我を監視する無意識的良心のこと。「超自我」ないし「上位自我」ともいう。
(2) 戦争や飢饉などを象徴する。「ヨハネ黙示録」第六章など。
(3) シラクサ王ディオニシウスは、王の地位を羨む廷臣ダモクレスを王座に坐らせ、その頭上に毛髪一本で剣を吊るして王の立場がいかに危険なものかを悟らせた、という。

（4） Jack Goody, 'Anomie in Ashanti?', *Africa*, vol. XX VII, no. 4, 1957, p. 362.

（5） ここにいう移行論を前提にした具体的な歴史叙述が、拙訳『近代世界システムⅡ』にもみられる。とくにジェントリ論争にかかわる議論がそれにあたる（第5章）。

資本主義の文明

Ⅰ　バランス・シート

近代世界システムは、「資本主義的世界経済」の形態をとって、「長期の一六世紀」にヨーロッパと南北アメリカの一部に出現したが、以来、発展を続けて地球全体を包含するに至った。史的システムとしての資本主義は、ひとつの歴史的システムとして、特有の性格をいくつかもっている。なかでも、ほとんど然るべき注目をうけていない特徴のひとつに、それが、当初から一部の者には礼賛されたが、ほかの者からは、ひどく貶《けな》されてきたという事実がある。じっさい、その擁護者が多数となり、それが当然のことになりはじめるのにも、およそ三世紀をも要したのである。史的システムとしての資本主義以外のシステムでは、それについての研究者ばかりか、その構成員たる大衆からも、これほど内部矛盾にみちた評価がなされた例は、ほかに思いつかない。

ひとつのシステムの内部にある人が、そのシステム自体の利点と欠点、プラスの結果とマイナスの結果のバランス・シートを論じること——この議論については、のちに略述する——ができるという考え方は、おそらく、このシステムに固有の特徴である。あるいは、その規定的特徴のひとつというべきである。なぜこのシステムだけが、こうした持続的で、公然たる議論をひきおこしたのかは、それ自体、ここで解明すべき問題である。

この議論の最も奇妙な部分は、おおまかにいえば、相互に矛盾するようにみえる二組の批判である。ひとつは、それがあまりにも平等主義的であり、社会の平和と共同体の調和を乱すとして、資本主義を叱責するものである。もう一組の批判は、あらゆる利害の調和という神話のもとに、史的システムとしての資本主義はおそろしく不平等なものだとするものである。

こうした正反対の批判は、資本主義の文明の擁護者たちが、見るからに極端な議論に対して、中庸を維持する戦略をとった証拠とみなされがちである。このような見方を採用したくなるからといって、それがほんとうに資本主義の礼賛者たちの議論であるといえるだろうか。実際には、かれらはそんなことは言っていない。それどころか、ハイアラキーの固定した、調和的な社会秩序の利点を主張する論者に対して、史的システムとしての資本主義の擁護者たちは、このシステムの革命的で、進歩的な性格を誇り、特権の廃止をひきおこすものとして、それを礼賛しようとしたのである。他方、資本主義を不平等なシステムであり、抑圧的な構造だとして批判する人びとに対しては、資本主義は、かれらのいう個人の能力《メリット》を識別し、奨励する力をもっていることを誇りとし、いわば報酬の差や能力に応じた特権の賦与などは望ましいばかりか、不可避なのだとして、資本主義を弁護してきたのである。

この結果、資本主義の擁護者たちは、その批判者たちと同様に、自己矛盾をきたしているように思われる。批判者も、擁護者も、等しく極論に走っており、黄金の中庸を弁護している者などいない（事実上、いないようにみえる）。このことは、いささか奇妙といってよいほど異常なことだし、とくに、それが執拗に継続したという点で異常である。すべての当事者が、このように混乱した布陣のどちらかに身をおくことになったことは、いったい何の役に立つというのだろうか。それは、いわば同じユニフォームを着た二つのティームの選手が、同じ競技場で、互いに無茶苦茶に入りまじって動き回っているようなものである。

それでも、スコアはつけられるのだろうか。バランス・シートは作成できるのだろうか。ここでは、公平なバランス・シートなどありうるのかを問うことすら、控えたい。むしろ、そもそもバランス・シートというものがありうるのか、ということだけを問題にしたいのである。思うに、前者の問いは、このような混迷した戦いの状態が、どうして、また、いかにして永続しているのかを解明するまでは、発することができないだろうと思われるからである。

ヨハネ黙示録の馬上の四人、すなわち、基本的ニーズ

過去五〇〇〇年以上にわたって、人類は少なくともひとつの基礎的な特徴を共有する、一連の諸宗教を発展させてきた。すなわち、現実の世界にみられる物質的な意味での悲惨に対しては、何らかの対策を講じたり、慰めを与えようとしてきたということが、共通点である。これらのことは、新約聖書のヨハネ黙示録に登場する馬上の四人という、キリスト教のイメージにうまく要約されている。すなわち、この四人は、戦争(つまり、民族間ないし国家間の戦争)、内戦、飢饉、疫病や天変地異や野獣による死を意味している。つまり、これら馬上の四人は、現世の恐怖、すなわち平和と楽しみや満足の破壊を象徴しているのである。

世界の諸宗教は、できるかぎりの慰めを与えようとはした。しかしそれは、こうした諸悪には、政治的——つまり、現世での——解決策はないという前提でのことであった。

したがって、(少なくともいくつかの宗教にあっては)メシアの時代が到来するか、ほかの何らかの方法で、現世の歴史を超越するまでは、こうした諸悪は避けられないとしてきたのである。

資本主義の文明の異常なところは、それが歴史のなかにありながら「歴史を超越する」ことができると主張し、不可避な諸悪のディレンマは解決できるし、地上に神の王国を築くこともできる、つまり、ヨハネ黙示録の馬上の四人の脅威に打ち勝つことができる、と言い張っていることである。その擁護者たちは、史的システムとしての資本主義は、最低限、その境界内に住むすべての人びとの(近年の用語を用いるとすれば)「基本的ニーズ」を満たすはずだと、はじめから主張してきた。

ある意味では、この議論はきわめて単純で、直截的なものである。資本主義は、生産効率を高めることによって、全体としての富を激増させた。この富は不平等に分配されてきたのだとしても、これ以外の、いかなる既存の史的システムの下においても人びとが享受しえなかったほどのものを、間違いなくすべての人が受け取れるはずであった。この見方は、かねて〔大企業への政府支出が、中小企業や消費者にまで波及効果をもつという、ハーシュマンの〕分配についての「トリックル・ダウン」理論とよばれてきた。

もっとも、この理論自体は、たんに生産の「見えざる手」の理論を特殊化しただけのものである。資本主義の文明の擁護者が、資本主義がたんに他のすべてのシステムとは明確に区別ができ、よりよいものだと主張するだけでなく、それこそが唯一の「自然な」システムなのだとまで主張してきたのは、こうした恩恵が得られると考えたからこそであった。

とすれば、かれら資本主義の擁護者は、このような見方を証明するために、どのような証拠を提示してきたのか。本質的に、こうした証拠は決定的なものである。近代世界をみよ、とかれらはいう。それは、知られている限り、他のいかなる世界よりも豊かではないか。技術の進歩は、とてつもない水準に達しているではないか。すべての人が、何らかの実際的な意味で、以前よりよい暮らしをしているといえるはずではないか。とくに、資本主義を受け入れ、最も完全にそれを実践しているようにみえる諸国こそが、最も富裕で、経済的に最先進国となっているではないか、と。

このような証拠を前提としていただけに、過去二〇〇年ものあいだ、この議論は、多くの人びとにとってきわめて説得的と見え、したがってまた、おおまじめに受け取られてきた。この議論はまた、史的システムとしての資本主義のなかで、応用科学が重要な役割を果たしてきたという事実に、おおいに依存してもいる。しかも、技術というものは、史的システムとしての資本主義の内部においてしか繁栄しえないのだ、と証拠をあげて主張もされた。というのは、科学者が先行の諸システムによって課された制約から解放されていたのは、このシステムのなかにおいてのみであったからである。しかも、経営者たちが、科学者の活動に直接・間接の支援を与えたのは、結局、そうすることが、物質的にも、かれらにとって十分報われるものであったからこそだ、というのである。以下、馬上の四人をひとりずつ、逆の順にとりあげて、このような議論が正しいかどうか、検討することにしよう。

資本主義の文明は、疫病や天変地異や野獣による死を――完全に逃れるなどということは、当然できなかったとして――先送りすることができたのだろうか。これは、いわば最も広く解釈した場合の健康・衛生問題である。一四世紀、ユーラシア大陸は、黒死病に苦しめられた。推計によれば――完全とはいえない推計だが――、それが流行した地域では、人口の三分の一が、この病気のために寿命を縮めた。疫病が世界的に流行したのは、これが史上初というわけではなかった。むしろ、これほどの広がりをもった流行は、これが最後であったといえよう。なぜそうなのか。基本的に理由は二つある。第一の理由は、個人が自衛手段を講じたことである。医学知識がおおいに進歩した結果、個人的に、(たとえば、予防接種によって)この種の疫病の発生そのものを避けたり、かりに罹《かか》ったとしても、その影響を最小限にとどめたりする方法がわかってきたことである。第二には、集団的自衛手段も発達した。病気の蔓延を抑える技術も開発されたが、公衆衛生からみた環境の改善を進める方法も知られるようになった。(こうした技術の最も初期の、ごく原始的なものが、検疫である。「検疫《カランティーン》」という言葉は、黒死病流行期にラグーサ港に到着した人びとを、四〇日間隔離したことから生まれた。)

このほか、何かバランス・シートに書き込むべき、別の種類の証拠があるだろうか。逆方向に動く、少なくとも三つの現象がある。第一に、ほかでもない「資本主義的世界経済」の発展の重要な一部であった輸送技術の進歩のために、寄生虫の遺伝子プールの混合が起こり、それが致命的な影響を与えた。このことは、とくに一五〇〇年から一七〇〇年にかけての大陸間交流を研究すれば、明確になる。南北アメリカの先住民の大半——三分の一をはるかに上回る人びと——は、この過程で一掃された。同様の現象は、オセアニアでも、アフリカやアジア、ヨーロッパの僻地でも起こった。

第二の現象として、たかだか過去二〇年間ばかりの医学の研究によって明らかにされてきていることだが、資本主義の文明の重要な一部となっている経済の技術が、直接もたらした環境変化のために、実際に多くの病気の発生件数が増加してきたという事実がある。第三に、地球人口の劇的な増加が遠因となって、というより、ある意味では、まさにそれが直接の原因となって、まったく新しい病気のパターンが生じた可能性も十分にある。最近のエイズの流行では(他の自己免疫病の流行もそうだが)、このことが大きな要因となっているものと推測できる。こうして、いまやわれわれは、新たな種類の疫病の激発の入り口に立っているのかもしれないのである。

突然の寄生虫の交換によって「抹殺された」人の数を、医学の発達によって「(寿命を)引き伸ばされた」人命の数と比較するには、どうすればよいのか。とくに前者の数値は確定しにくく、当面、この比較をうまくやる方法はない。ただ、少なくとも、評価は容易ではないし、どうみても、一方的なものなどではありえないことだけは確実である。世界システムのなかの比較的工業化の進んだ諸国では、幼児死亡率は大きく低下した。そのうえ、二〇世紀になると、それは「南」でも低下したように思われる。もっとも、これが、「世界経済」の停滞期にもいえることなのか、拡大期のみの現象なのかは、いまひとつ明確でない。工業国においては、医療技術の進歩で六〇歳以上の高齢者が、病気を乗り越えて、以前より長生きできるようになったことがわかっている。これら二つの変化――幼児死亡率の低下と六〇歳以上の高齢者の余命の延長――は、平均寿命の延長をおおかた――おそらくほぼすべて――説明する要因である。幼児期を生き延びた人びとが、生き延びて六〇歳にまで到達できる可能性が、以前に比べて大きくなったかどうかは、あまり明確でない。新たな疫病が、全体の数値を変えるほどの影響力をもったかどうかは、まったく不明である。しかし、病気との戦いという点では、地域によって大きな偏りはあるにもせよ、とりあえず、資本主義の文明にプラスの評価を与えておくことができよう。

飢餓との戦いについてはどうか。今日では、飢饉は、以前ほど脅威でなくなっているといえるだろうか。近代以前には、短期の気候変動こそが、人類にとって大問題であった。というのは、それこそが、毎年の生産に影響したからである。輸送システムの脆弱なことや食糧が長期保存できなかったこと、個人の現金貯蓄が乏しい人が多かったことなどから、地域内で主要な食糧の供給が目立って不足すると、たちまち深刻な問題が生じた。しかし、今日では、技術進歩によって、世界の多くの(おそらく、おおかたの)地域が、こうした短期の気候変動のきまぐれからは保護されている。

しかし、環境条件の中期の変化についてはどうか。短期的には、技術進歩によって、自然の生物圏の状態に、われわれが介入することが可能になったが、まさに、その同じ技術進歩が、中期的には生物圏の状態を混乱させてきた。森林の消滅やサヴァンナ地帯の砂漠化の過程は、いずれも、人間と人間のための長期的食糧供給が破綻しつつあることを、同時に含意している。二〇世紀にきわめて深刻になってきた生化学的汚染による被害は、なお十分には測定することができない。オゾン層の破壊がさらに進めば、(直接の被害と、食糧供給への影響を介しての間接的な被害をあわせて)生命の破壊は恐ろしい規模に達しよう。

したがって、一方では、食糧の生産総量と生産性には著しい拡大がみられたが、他方では、異様に歪んだ分配システムのために、世界人口の大半、とくに底辺をなした五〇ないし八〇パーセントの人びとにとっては、短期の脅威に代わって、中期のそれが立ち現われたのである。

内戦についてはどうか。内戦は減少したのか。ここでは、内戦という範疇のなかには、形式上、地理的に区別された二つの国家ないし民族のあいだの戦争、または、帝国主義的支配者に対する被征服地の叛乱のいずれにも属さない、集団間のすべての暴力を含むものとしよう。ある意味では、「内戦」とは、「資本主義的世界経済」がつくりだしたものである。社会的には異なった「民族」として定義されている集団が、都市域において入りまじり、近接して住む可能性の極度に高いシステム〔近代世界システム〕において、その構成要素である「民族」と、これもシステムの構成要素である「国家」のあいだに成立した複雑な関係が生み出したものであった。このことは、決して偶然ではなく、「資本主義的世界経済」に固有の構造化の過程から派生したものである。

「資本主義的世界経済」は、その機能を最大限に発揮するためには、(強制的なものであれ、自主的なものであれ)広汎かつ継続的な労働力の移動によって、特定の地域での労働力需要を満たす必要があった。これと並んで、世界の労働力の民族集団《エスニック・グループ》への再編が進行し、個々の地域においては、人間がいくつかの民族集団——指標となるものが、肌の色であれ、言語であれ、宗教であれ、その他の文化的構成要素であれ——に分類されるようになった。個々の世帯がどの民族集団——それぞれの地域の定義によって——に属しているかということと、その世帯の職業および階級上の位置とには、つねに高い相関性が認められる傾向にある。もちろん、たとえば、民族集団の境界線やどの民族集団がどの職業集団に対応させられるかといった細かい点は、つねに変化してきた。しかし、このような階層化の原理こそは、「資本主義的世界経済」のつねに変わらない特徴であり、「世界経済」全体の労働コストの削減と、国家機構の非正統化を抑制する役割を与えられている。

こうした労働力の民族集団への再編過程は、いかなるバランス・シートにおいても、明らかにマイナス要因である。それは、上層の民族集団と下層のそれとのあいだのみならず、下層の民族集団同士の絶え間ない抗争をひきおこす構造的基礎を生んだ。こうした抗争は、「世界経済」が景気循環の下降局面に入るたびに――つまり、歴史的時間の半分において――厳しさを加えた。この抗争はしばしば暴力的な形態をとるようになり、小さな暴動から全面的な皆殺しにまで発展することもあった。

決定的に重要な要因は、世界の労働力の民族集団への再編には、人種主義のイデオロギーが必要であったということである。このイデオロギーのもとでは、世界人口のなかの大集団が下層階級であり、劣等人種であると規定され、したがってまた、現下の政治的・社会的抗争の結果、かれらがどのような運命に陥ろうと、それで当然とされてきた。こうした「内戦」は二〇世紀に入ってより抑圧的で、執拗なものになったほどで、時間の経過とともに減少してきているとは、とてもいえない。この点は、われわれが現に属している世界システムのバランス・シートでは、きわめて大きなマイナスである。

さらに、戦争そのものがある。国家間および(または)民族間の戦争は、およそ史料の残っている限り、どんな史的システムのもとでも存在してきたように思われる。したがって、戦争が近代世界システムに固有の現象でないことは、まったく明白である。他方、資本主義の文明の技術進歩は、ここでもまた、良い方にも、悪い方にも作用する。広島に落とされた一発の爆弾は、近代以前のすべての戦争の犠牲者を上回る数の人びとを殺した。アレクサンダー大王は、中東を一掃したといっても、その破壊の規模からすれば、湾岸戦争でイラクとクウェートが受けたそれとは、比較にならないものでしかなかった。

最後に、世界システムのなかでは、物質的な両極分解が起こったこともまた十分考慮に入れる必要がある。物質的富という言葉が、すでに商品化されているか、商品化可能なモノを指すと考えれば、物質的富の総量は激増したことは間違いない。ただし、その場合、このような経済「成長」は、いくつかの主要な自然資源をひどく枯渇させるという犠牲の上に成り立ったものではあった。ともあれ、〔資本主義の史的システムの〕全人口のなかで、この剰余価値の分配に与かってきた人びととの比率は、いかなる先行の史的システムにおけるよりも、はるかに大きかった。一五〇〇年以前に実在した多様な史的システムにおいても、富裕な、ないし比較的富裕な階層というものは、ほとんどいつでもあった。しかし、一五〇〇年以前には、この階層は極度に小規模であった。ここでは、象徴的に、人口の一パーセント——むろん、これよりは高い比率の場合も、ときにはあっただろうが——といっておくことにしよう。

資本主義の文明では、剰余価値の分け前に与った人の数は、はるかに大きなものとなった。つまり、中産階級とよばれるものがそれである。この階層は重要であるが、その規模を過大評価するのはまったく間違いである。世界的にみれば、この階層は、おそらく全人口の七分の一をこえたことはない。たしかに、こうした「中流」の多くは、地理的に特定の地域に集中しており、その結果、「資本主義的世界経済」の中核諸国では、市民の多数派となっているかもしれない。じっさい、一国の政治的国境内での中流階層の高度の集中こそは、今日では、ひとつの地域を中核地域と判定する要因とされている。しかし、世界的な構成比は、それよりはるかに低いのである。おそらく、「資本主義的世界経済」を構成する諸構造体に生きる人口の八五パーセントは、五〇〇年ないし一〇〇〇年まえの労働者と比べても、より高い生活水準に到達しているとはいえないことは明白である。かれらの多くは、というより、その大半は、物質的にはより貧しくなっているといえよう。とにかく、かれらはやっとその日を過ごすために、以前より厳しい労働に従っている。〔自給することができずに〕購買しているものの量そのものは増えているにもかかわらず、食物の摂取量は減っているのである。

とすれば、資本主義の文明は、ヨハネ黙示録の馬上の四人を打ち破ったことになるのだろうか。答えは、それが達成されたのは、せいぜいごく部分的で、それもひどく偏った地域でのことにすぎなかった、ということになろう。しかし、これまでのところ、ここでの議論は数量的な考察に限ってきた。しかし、むろん、質的な議論も必要である。つまり、ふつう「生活の質」の問題とよばれているものが、それである。

個人生活の質

最初の問題点は、物質的生活の質である。つまり、生存のための「基本的ニーズ」をこえて、快適さや消費の多様性が保障されているか否か、の問題である。しかし、この点でも、状況は複雑である。二〇世紀の「消費社会」は、たしかに科学とそれがもたらしたあれこれの仕掛けの関数である。そこには、これまでの文明にあっては夢想だにしえなかった機械がある。最も目立っていて、いま最も普及しているものだけをあげても、電気、電話、ラジオ、テレビ、室内配管、冷蔵庫、エア・コン、自動車などがある。これにひきかえ、一五〇〇年には、書物でさえ贅沢品であった。

しかし、ここでもまた、分配はきわめて不均等であることがわかる。大半のアメリカの家族は車をもっているが、中国人やインド人の家族で車を所有しているものは、ほんの一握りでしかない。もっとも、かれらでも、村の共有財産としてなら、ラジオにはたいてい手が届くであろう。つまり、トップと底辺のギャップは甚大であるばかりか、さらに拡大しつつあるとはいうものの、絶対水準でいえば、極貧層でさえ、その祖先たちよりは、この種のモノを多く持っていることにはなろう。しかし、絶対水準にしても、間違いなく、直線的上昇カーヴを描いたとも言い切れない。下層の五〇ないし八〇パーセントについては、すでに曲線の頂点に達してしまって、いまや再び下降に転じているのかもしれない。資本主義の文明の生み出した現象のなかでも、最も目覚ましいもののひとつである観光旅行に目を転じると、状況はいっそう厳しいことがわかる。以前の史的システムにあっては、たとえ裕福で権力のある人であっても、およそ人が旅行をし、見物をして、日常生活のパターンの一部とは違う経験を楽しむ、という考え方は存在しなかった。近代初期に一握りの貴族の娯楽《スポート》として始まったものが、二〇世紀末には、世界の中流階層が当然のこととして期待するものになった。これを可能にしたのも、むろん、同じ技術進歩であった。しかし、二つの点に注意する必要がある。どんなに多く見積もっても、一生に一度でも観光旅行に出かけられるのは、世界人口の五ないし一〇パーセントにすぎない。しかし、また、この程度の人数であっても、観光公害の圧力が本質的に限度をこえ、最高級の観光対象は、いまや危機に陥っている。観光旅行は、度を過ごすと、ひどく破壊的なものである。しかも、今日、すでにそれは過重になっており、しかも、それでいて、世界人口の八〇パーセントは、なお、それから排除されているのである。かりにこの人数がさらに増えていくとすれば、何らかの公的な割当て制のようなものを導入しなければ、観光地の保護はできないことになろう。しかし、そうなると、個人のレヴェルでは、観光によってえられる恩恵は、目立って低下するはずである。

個人の物質的満足の程度とその多様性についての論争は、〔資本主義の文明について〕正反対の評価が生まれるひとつの大きな原因である。資本主義の文明の批判者は、世界人口の七分の一にしか得られないものと、都市のスラムの住民や世界のなかの農村の貧困地域で生活している人びとの生活とのあいだに、大きなギャップがあることを指摘する。このコントラストは劇的で、恐ろしいほどでさえある。他方、資本主義の文明の擁護者は、このギャップはたんに相対的なものであるにすぎず、絶対的には、世界の貧民といえども五〇〇年まえほどには貧しくない、と主張する。絶対水準のギャップを示す証拠とされているものは、それ自体が実証上、論争の対象になっていることは、すでにみてきたとおりである。ギャップが拡大しつつあるにしても、それが相対的なギャップの拡大にすぎなければ、認めうるのかどうかということは、道徳上の問題である。これに対する資本主義擁護者の答えは、もはやギャップは拡大していないようにみえるし、まもなく縮小に向かうはずだというものである。

資本主義の文明の擁護者は、さらに、次のような議論を展開する。すなわち、個人生活の快適さや消費の多様性にかんしては明確な答えがないとしても、資本主義文明がもたらした純粋に恩恵といえるものとして、教育組織を生み出し、これを世界中に広めたという事実がある、と。この事実は、すべての個人に自己の潜在能力をよりよく認識させ、なかには、自己の能力を顕示することで、階級の障壁を越えることのできる人もあったのだ、ともいう。普遍的な公教育という概念自体は、「資本主義的世界経済」の産物――それも、比較的最近の産物――である。在学年数の延長という意味でも、世界中の多様な集団にとって、学校教育を受ける機会がどれくらい増えたかという点からみても、教育制度は着実に発展してきた。こうした発展は、すでにおよそ二世紀ほどにわたって続いているが、とくに一九四五年以後に加速されてきた。今日では、少なくとも建て前としては、領域内のすべての男児とおおかたの女児に初等教育を保障しないような政権は存在しない。中等および高等教育も、同様に(初等教育ほどではないが)発展してきた。

教育手段が増加すれば、人びとが、より高い水準のフル・タイムの仕事に就ける機会が増すといわれている。もちろん、このことは、相対的な問題としては正しい。つまり、教育年限と勤労所得のあいだには高い相関関係がある。しかし、絶対水準の議論としては、それはきわめてあやしい。教育制度の発展は、ただちに、特定の雇用に要求される教育水準をエスカレートさせる。したがって、一九九〇年には、小学校教育を受けた人物であっても、一八九〇年になら公式の教育をまったく受けたことのない人にも得られた仕事からさえ、排除されるようになったかもしれないのである。

教育制度の発展のひとつの重要な結果は、学齢期にあたる年齢集団全体が、家庭からも、家庭外の職場からも、完全に奪い去られたということである。この年齢集団全体が、もはや自分の家庭のために所得を稼がず、逆に、たとえ授業料が無料であったとしても、家計にかなりの出費をかけるようになったのである。こうして、各世帯は、いささか大仰に「人的資本」とよばれているものへの投資を余儀なくされるのである。しかし、世界システム内のおおかたの世帯にとって、この投資の利潤は、コストをこえているといえるのだろうか。

普遍的教育の第二の重要な結果は、「人生の諸段階」という概念が開発され、個人の生活の現実として定着していったことである。資本主義以前の史的システムにあっては、ひとりの人間の人生は、長いひと続きの労働と社会参加の期間であり、ごく短い期間――最初のうちの完全に依存的な時期と、人生の終わりにくる比較的高度に依存的な時期(こんな時期はない場合もあるが)――が、その両端を挟んでいたものである。しかし、いまやわれわれは、かなり長い期間を、部分的に依存的な子供として労働力から外れるのである。この長期の子供時代は、学校制度如何によって、いくつかのユニットに細分される。保育園での幼児時代、小学校に対応する児童期、中・高等学校に対応する少年・少女期、大学教育に対応する青年期、それに、いまでは大学院教育や就職初期の研修期間にあたる若年成人期、という次第である。この話は、もっと先の年齢集団まで続き、壮年、第三の世代、さらには第四の世代にまで至る。壮年期の役割分担の内容は、むろん男と女では違っている。

　これほど多様な社会的区別による人生の分節化がもたらした大きなプラスは、それによって人間としての能力をフルに発揮できるよう、特別の注意を払い、それに順応していくことが可能になったということだといわれる。たしかに、このことは、ある程度までは真実である。しかし、このようなプラスには、かなり大きなマイナスも伴う。すなわち、「壮年男子」とされる、いまやごく狭くなった年齢層に属する人びと以外は、すべて、権力と物質的恩恵を十分には享受できなくなっているという事実がある。ライフ・サイクルの諸段階を通り抜ける通路は平等で、共通のものだということが口実となって、以前はあまり複雑ではなかった年齢序列が、いまや、はるかに重要で、はるかに厳密なものになっているのである。

　にもかかわらず、究極の問題は、そもそも教育《エデュケイション》というものが教育的《エデュケイショナル》であるのかどうか、あるとしても、どこまでそうなのか、ということである。つまり、その語源にさかのぼって、教育(education)は、どこまで人びとを狭い地平から「引き出し(educere)」、より広い視野に導いてきたか、ということである。一般的な仮説はこうだ。局地的で、家庭に基礎を置いたかたちで知識と価値観への社会化がなされていると、それは本質的に偏狭なものでしかありえないが、公教育が行なわれるようになると、読み書き、計算、経験的知識と分析の技術が身につき、それを受けた者は、地域の枠をこえて人間一般の潜在能力をひろく自覚するのであり、とりわけ、かれら自身の潜在能力を自覚するに至るのだ、と。

しかし、公教育が広汎に普及したとたんに、特定の地域ないし全国のそれが「失敗であった」と主張して、これを批判する者が現われた。批判者は決まって、まさしく公教育がもつ、この「人びとを(偏狭な見方)から引き出す」機能が実際には発動されなかった、と主張してきたのである。とすれば、実際には、その機能が発動された、とどこまで強硬に言い切れるのだろうか。教育が「内戦」現象を減少させなかったことは確実である。むしろ、それは増加したというべきであろう。というより、教育こそが、「内戦」現象の主要なエネルギー源になってきた可能性さえある。個人の潜在能力をより十分に開発するという課題も、現実には、教育の浸透と同じくらいには、地理的流動性の上昇によってもたらされたといえるかもしれない。たいていの親は教育を、経済的観点からして、子供たちにとって差し迫って必要なものと考え、特定の職を得るのに必要な公教育の程度が、どんどんエスカレートしていくのに、必死で追いつこうとするのである。

しかし、学校に通っている生徒のほとんどは、学校を負担と考え、労働世界からの排除とみなすのである。子供たち自身が下す、こうした評価を、たんに非合理的だとして切り捨てることができるのだろうか。

集団としての生活の質

われわれの社会生活を構成する要素のなかに、資本主義の文明の擁護者たちが、その成果、ないし少なくとも将来期待される成果だ、と主張する最高の徳が二つある。普遍主義と民主主義とである。しかし、ここでもまた、批判者はまさに正反対の主張をしている。かれらは、まさにこの二つの現象の欠落こそが、資本主義の文明の最大の悪徳だと指摘するのである。バランス・シートの他の項目と同じで、判断は誰が何を測定するかにかかっている。普遍主義とは何か。それには、いろいろな側面がある。普遍主義とは、合理的・客観的で、恒久的な――したがって、普遍的な――真理が存在するという主張である。今日では、それは科学と呼ばれている。普遍主義はまた、普遍的倫理を決定するある種の自然法が存在し、その結果、万人が受け入れ、従うべきある種の社会慣行がありうる、とする主張でもある。今日では、これを人権と呼ぶ。さらに、普遍主義とは、労働力の構成のなかで然るべき位置を決定するための、客観的な能力の水準というものがあるという信念でもある。今日、われわれは、これを能力主義と呼んでいる。資本主義の文明の擁護者たちが誇りとしているのは、科学・人権・能力主義という、普遍主義のトリオである。

なぜこのように科学が強調されたのかは、よくわかる。なぜ科学が、事実上の世俗宗教――普遍的な知識に、唯一、真に接近できることになっている、この宗教の聖職者たち〔科学者〕が、一般の人間にその真理を開示する――となったのかも、容易に理解できる。というのは、近代科学は、近代の技術の基礎であり、今日の世界が人類の基本的なニーズを満たし、個人生活の質を高めることに成功してきたと考えられるのは、まさに近代の技術のおかげだからである。このような科学への信仰は、あくなき資本蓄積の可能性への確信を反映――その前提であるというよりは、反映である――している。

普遍的法則への休みなき前進としての科学観、すなわち、いわゆるベイコン的・ニュートン的科学観なるものは、いまや五〇〇年にわたって支配的な科学観の位置を占めてきた。しかし、このような科学観に対しては、一九世紀末から始まり、過去二〇年間に強化されてきた厳しい批判が、科学の世界内部にある。この批判は、混乱（カオス）が常態であり、均衡からはほど遠い開放システムを常態とみなす「ニュー・サイエンス」の形態をとっている。同時に、それは、本質的に予見不能な(にもかかわらず、出鱈目ではない)方向へと絶えず分岐・拡散し、消滅してゆく性格をもつ諸構造体が遍在することをも主張するものである。

ここでいうバランス・シートに「ニュー・サイエンス」が根底的に提起している問題は、科学世界では五〇〇年間提起されたことのなかった問題であり、このような問題をたてることで生じる科学上の危険を、あえて冒す者がなかった問題である。それは、どのような科学的危険なら冒すに値するかを、誰が決定してきたのかという問題や、科学が世界の権力構造にどんな影響を与えてきたのか、という問題を提起する。たとえば、現在のエコロジー上の問題は、資本主義的な経営者が、経営コストの外部化を図ってきた直接の結果であるが、かりに、こうしたシステムのディレンマを、ほんらい技術的に解決可能な、一種の外部の障害に結びつけようとするようなアプローチよりは、拡散し、消滅してゆく性格をもつ諸構造体と分岐の必然性を分析の中心に据える、より全体論的な科学的アプローチをとってきたとすれば、完全に避けることまではできないにしても、少なくとも軽減くらいはされたはずなのである。

こういう問いを立てることは、すなわち、それに答えることでもある。というのは、この問い自体が、いわゆる普遍主義の科学はその主張とは裏腹に、実際には制約された、特殊なものであったことを示唆しているからである。とすれば、その成果のバランス・シートを作成するにあたっては、それが生み出した技術を計算するだけではなく、それが見失ったり、追求しそこなった別の可能性をも計算に入れるべきである。よい点ばかりを繰り返すのではなく、悪い点も批判すべきなのである。今後、三〇年もすれば、この間の科学活動によって、過去五〇〇年についてもっと分別のある評価が可能になろう。

真理については、以上のようだとして、自由についてはどうなのだろうか。資本主義の文明こそが、この世界に、はじめて自由を普遍化するモデルを普及させたのではなかったか。法的にも、道徳的にも、人権が最優先されるべきだという観念そのものが、近代世界の発明物ではなかったか。まさに然りである。固有の人権についての言語は、普遍的に適用が可能であることと此岸性の点で、それまでの世界宗教の言語をはるかにこえる進歩を示している。とすれば、こうした言語の正統化とその普及が、資本主義文明の功績とされるのも、もっともなことである。

しかし、それでいて、この世界の現実のなかでは、人権がひどく欠落していることも、周知の事実である。資本主義以前の史的システムにあっては、人権〔の保護者〕を気取るなどということが、ほとんどなかったことはたしかである。今日では、すべての政治体が人権の擁護者をもって任じている。にもかかわらず、アムネスティ・インターナショナルは、地球上至るところでの、人権侵害の長いリストを作成するのに何の困難も感じていない。人権宣言というのは、悪徳が徳に敬意を表するふりをしているだけの、偽善ではないのか。

人権の状況には、世界システム内の地域によって違いがあるという意見もある。たしかに、それは事実である。しかし、最も問題が少ないとみられる諸国でさえ、なおその国内には、絶えず人権を侵害されている地域や階層を抱えている。しかも、たとえば、移民といえば現下の世界システムのなかで増加しつつある人びとであり、決して減少しているわけではないのだが、移民がこうした人権を奪われていることは、よく知られた事実である。

たとえ人権の状況にかんしては、かなりの幅で比較的良いところと、悪いところがあるにしても、それで何が証明できるのだろうか。というのは、比較的豊かな、比較的強力な国家では人権侵害が少なく、少なくとも、それほど剝き出しではないのに対して、比較的貧しく、脆弱な国家にあっては、侵害が甚だしいという相関関係の存在が容易に読み取れるからである。ひとは、この相関を二つのまったく相反する方向に利用することができる。すなわち、一方では、この相関は、ひとつの国がより「資本主義的」であればあるほど、人権思想を受け入れやすいのであり、その逆も真理だという人びとがいる。しかし、他方では、それは、世界システム内の特定の地域に利点が集中し、他方の極に否定的な要素が集中していることを証明しており、それ自体、史的システムとしての資本主義の作用の結果なのだと考える人びともいる。史的システムとしての資本主義においては、人権は必ずしも普遍的な価値などではなく、特権の報酬なのである。

科学の普遍性も人権の普遍性もあやしくなると、資本主義の擁護者たちは、最も強力な論点である地位の普遍性、つまり能力主義にその論拠を求めようとする。資本主義の文明の神話においては、それ以前のすべての史的システムでは、個人はすべからく生まれながらにして特定の地位に縛られていたのだが、史的システムとしての資本主義においてだけは、能力によって地位が決まるのだ――フランス革命で宣言された「才能に開かれたキャリア」――と主張されている。

ここでもまた、神話と現実の違いには、気をつけなければならない。資本主義以前の史的システムにおいても、個人の社会的昇進がなかったなどということはない。そんなものはつねに存在した。そうでなければ、主として武勲による貴族家系の交替が、至るところでみられるなどということは、どうして説明ができようか。それに、宗教的構造体でさえも、能力による社会的昇進のシステムを取り入れてきた。じっさい、市場原理による昇進制度さえ、つねにとはいえないにしても、広汎に行なわれていた。

ただ、資本主義の文明には、それまでのシステムと異なる点が、二つあった。第一に、能力主義が、たんに事実上の実態としてあるというのではなく、公式の徳目として宣言されたということである。つまり、〔これまでのシステムとは〕文化が違っているのである。第二には、世界の全人口のなかで、このような昇進が可能な人びとの比率が上昇してきた、という事実がある。しかし、上昇したとはいえ、能力主義による昇進は、なおほんの少数の人びとにしか認められてない。というのは、能力主義は、本質的に間違った普遍主義だからである。そもそも、それが称揚している普遍的な機会なるものは、明らかに、それが普遍的でないときにしか意味を持ちえない。能力主義は、本質的にエリート主義なのである。

さらに、能力主義を実践しているとされる諸制度が、実際には、どこまで能力に基づいて判断をしているかも調べてみなければならない。ここからすれば、教育構造がどのように作用しているかという問題に立ち戻る必要が生じる。それらの構造は、能力を基礎にした完全な選別をしているといえるだろうか。もちろん、能力を数量的に採点して、スコアをつけるようなことはしている。しかし、採点は、地域的に、地域の人びとによって、その地域の基準にしたがってなされるので、点数を互いに比較することができるかどうかは、疑わしい。おそらくせいぜい能力主義の採点についていえることは、ごく少数の例外的〔に優秀〕な人びとの集団と、まったく無能な人びととを選り分けることは簡単だが、その中間の大半の人びとについては、信頼に足るようなやり方で採点をすることは、不可能だということであろう。しかし、中間的な能力にある八〇パーセントの人びとのうち、せいぜい四分の一を比較的報酬の高い地位に就けなければならない職業構造にあっては、選択が必要になる。しかも、まさにこの点においては、家族の社会的地位という基準が大手を振って入り込むのである。本当に能力のある人が、制度化された能力主義のシステムのおかげで、さもなければ疎外されていたであろうと思われる地位にのぼる例は、ごくわずかである。むしろ、それは、より多くの人びとが、生まれによるステイタスを基礎としながら、実力で勝ち取ったふりをして、地位を得ることを可能にしているのである。

資本主義の文明の利点を説く、第二の主な主張は、それが民主主義を育み、繁栄させたというものである。ここでは、民主主義とは、ごく簡単に、あらゆるレヴェルでの意志決定に、最大限の人びとが平等の原理に基づいて参加できること、と定義しておく。こうして、「一人一票」制度が、民主主義的国家構造のひとつのシンボルとなってきた。むろん、それだけでは、なお民主主義的な政治参加への第一歩にしかすぎないのであるが。民主主義に向かう圧力は、平等を求める圧力であった。しかし、これには、逆向きの圧力が二つあった。特権に向かう圧力と、能力主義の圧力である。この二つの反平等主義の圧力は、ともに階層秩序を結果するものである。

対抗する圧力がひとつではなく、二つであったことが、現状解釈の点で深いギャップを生んでいる理由である。資本主義の文明の擁護者たちは、資本主義こそは、特権のハイアラキーに終止符を打った最初の史的システムであった、と主張する。しかし、同時にむろん能力によるハイアラキーはあるし、あるべきなのだとも付け加える。たとえば、幼児には、その両親と同じ発言権を与えるわけにはいかない、というのである。資本主義の批判者たちは、このような主張は欺瞞に満ちていると非難する。かれらによれば、実力による実績のハイアラキーの仮面のもとに、特権のハイアラキーが隠されており、ごく限られた社会状況――幼児の社会的自治能力の問題のような――のもとでしか正当化できないハイアラキーが、実際の労働や社会生活においては、不当にも、はるかに広い範囲にまで拡大適用されている。ほんらいなら、そこでは、民主主義的な規範、つまり、平等主義の規範が適用されて然るべきなのに、こうしたハイアラキーの規範が適用されている、というのである。こうして、能力主義についての論争は、民主主義についての論争とつながることになる。

史的システムとしての資本主義のバランス・シートを作成しようとすれば、世界システムにおける社会的闘争の場全体を考慮に入れなければならない。さらに、そうした闘争の場のひとつひとつを、その意志決定のハイアラキーがどの程度まで、本当に――特権の有無ではなく――実力による実績によっているか、いないかについて評価しなければならない。そのうえで、現下の世界システムについてのそうした評価を総合して、それ以前の史的システムの同様の総合評価と対比しなければならない。これは、いささかうんざりするほど難しいことである。史的システムとしての資本主義に有利な主張としては、参政権が拡大したという事実が、最も重要であろう。たしかに、逆の立場からは、形式的な普通選挙制度がそれほど重要な意味をもつかどうかについては、絶えず疑念が表明されている。しかし、このことは別にしても、資本主義の文明をとおして民主主義化が進む、というテーゼに対する重要な批判としては、近代世界では、参政権の拡大と平行して、共同体的な組織の衰退が起こったという事実があげられる。一方で成果が得られたとしても、他方では、それ以上のものが失われた、というのである。

こうなると、疎外の問題について議論せざるをえなくなる。保守的な立場からする資本主義の文明に対する批判と急進派の批判とが重なるのは、この点においてである。疎外とは、すでに公教育の評価に際しても触れたように、潜在能力を発揮するということの対極である。疎外とは、われわれが、自己自身、つまり自己の「真の本質」といえるもの——言いかえれば、われわれの潜在能力——とは別物になる方法にかかわっている。資本主義の文明に対する保守派の批判者も、急進派の批判者も、ともに労働力の——労働力だけではないが、とくにその——商品化が、ひどく人間性を失わせるという点に、批判を集中している。

資本主義の擁護者にとっては、これは、近代世界が実際にもたらした物質的恩恵とは比較のしようもないことで、こんなことをいうのは、一種の神秘主義にすぎないことになる。かれらは、疎外の概念は、何らかの意味のある仕方で操作できる概念になりうるのか、と問いかけて、挑戦する。しかし、批判者にすれば、その点を明確にすることは、簡単なことであるように思われる。かれら批判者たちは、近代世界における多様な形態の、深刻な精神的・社会心理学的な疾患が存在する点を指摘する。ここでもまた、ものさしは不完全である。われわれの史的システムのもつ狂気は、周知のところである。しかし、他の史的システムにおける狂気については、必ずしもしっかりした知識がないので、両者を比較するには準備がないというべきである。にもかかわらず、次の三つの点だけは断言できる。ひとつは、われわれの史的システムの狂気——お望みとあらば、諸種の疾患と言いなおしてもよい——は広汎に及んでいる、ということである。第二には、こうした精神的な問題とわれわれの史的システムに特有の社会構造とのあいだには、明確なつながりがあることが容易に証明できる。第三には、こうした精神的な問題は、ときの経過につれて、われわれのシステムの内部でますます広汎にひろがってきているということがある。この最後の点は、ある意味では、たんに社会の現状をより詳しくモニターするようになった結果であるかもしれない。たとえば、アト・ランダムに起こる都市の暴力などは、その例になろう。しかし、厳密な測定をしても、ある程度は、その増加が確認できるものもある。たとえば、麻薬中毒などがそれである。

樹木のことも忘れるべきではない。物質的世界の自然美は、人間に喜びをもたらすもののひとつである。しかし、万物の商品化は、必然的にこうした自然の美を完全に破壊してきた。たしかに、別の美がつくり出された一面もある。おそらく、こうしてつくられた美のほうが、より良いものであろう。しかし、こうしてつくられた美は、それ自体、すでに商品化されてしまっており、それだけに、樹木のように、誰にでも平等に楽しむことができるわけではない。人工の美は、第一義的に少数者のものである。

誰のために、なぜ論争をするのか

さて、バランス・シートはどうか。ひとつくらいなら、バランス・シートはつくれるはずである。つまり、少なくとも、質的なものなら作成できるはずである。ここで再検討してきたいろいろな議論からすれば、その場合、結果が一方的なものではありえないことは明らかである。しかし、賛否両論を要約できる、隠れた糸のようなものはあるのではないか。たしかに、そうしたものがある、と思う。ここでは、知られている限り、すべての史的システムは特権のハイアラキーを具現したものであった、という仮定から始めることにしよう。黄金時代といえるようなものはなかった、と考えるのである。こうなると、問題は、〔絶対的に〕良いシステムと〔絶対的に〕悪いシステムのあいだの選択ではなく、比較的良いシステムと、比較的悪いそれとのあいだの選択ということになる。資本主義の文明は、それまでの史的システムに比べて、より良いのか、より悪いのか。(未来のシステムがより良いものでありうるのか、より悪いものにしかなりえないのか、という問題や、そのどちらになりそうなのかといった問題については、当面、棚上げにしておく。)

ただひとつ、適切と思える問いは、「誰のために《クィ・ボノ》」という問いである。社会全体のなかで特権階層が占める比率は、史的システムとしての資本主義のもとで、かなり上昇したことは明らかである。したがって、こうした人びとにとっては、かれらの知っている世界は、その先駆者たちが知っていた世界より良いものであることは、間違いない。かれらは、間違いなく物質的により豊かな生活を送り、健康や寿命、少数の支配者集団の横暴からの自由などの点でも、恵まれている。かれらが、精神的により良い状態におかれているかどうかは、よほど議論の余地があるが、決して悪くはなっていないであろう。

しかし、かれら以外の、スペクトルの反対の位置にいる人びとにとっては——つまり、特権をもたない、世界の人口の五〇ないし八五パーセントを占める人びとにとっては――、この世界が以前のどの世界よりも悪いものであることは、ほぼ確実である。技術革新はあったものの、物質的にも、状況は悪くなっている可能性がある。中央のメカニズムがより効率的になっているだけに、かれらは形式的にはともかく、実質的には、以前にもまして特権階級の専横に苦しめられており、より自由になったわけではない。かれらはまた、いろいろな種類の精神的な疾患の矢面に立たされているばかりか、「内戦」による破壊の脅威にも曝《さら》されているのである。

資本主義の文明の世界は、すでに両極化しており、さらに分解していく世界であるとすれば、それは、いかにこれほど長く生き延びることができたのか。バランス・シートについての公式の論争が入り込んでくるのは、この点においてである。これまでこのシステムを維持してきたのは、改良主義の気運が高まって、結局、ギャップが埋まるのではないかという期待であった。論争そのものが、この期待を二重に育んだのである。資本主義の徳を主張する議論は、多くの人びとに、このシステムの長期的利益を信じさせることになった。他方、悪徳を主張する議論は、多くの人びとに、それによって効率のよい組織ができ、政治を変えることができると感じさせたからである。資本主義の文明は成功した文明であっただけではない。それはまた、何よりも、魅惑的な文明でもあった。それは、その犠牲者や敵対者にとってさえ、魅惑的であった。

しかし、私のように、すべての史的システムは、その寿命に限りがあり、結局は後続のシステムに道をゆずるほかないのだと信じる限り、われわれのシステムもまた、永久に安泰でなどありえないのは当然である。以下、このテーマ、つまり資本主義の文明が今後どうなってゆくのかという問題に目を転じよう。

Ⅱ　将来の見通し

資本主義の文明は、その秋をむかえている。この秋は、少なくともそれが誕生した土地においては、いうまでもなくすばらしい季節である。いわば、花咲く春がすぎ、豊かな夏もすぎ、収穫の秋となったのである。しかし、秋は落葉の季節でもある。秋には楽しいことがいっぱいあるが、冬の霜にも備えなければならない。つまり、サイクルの終わり、史的システムの終焉にも備えなければならないのである。

ひとつのシステムが、どのようにして終わりに近づくのかを知りたければ、それが含む矛盾を観察する必要がある。というのは、あらゆる史的システム——というより、あらゆるシステム——が矛盾を内蔵しており、それこそがすべてのシステムが寿命をもっている原因でもあるからである。以下、その緊張の高まりが、史的システムとしての資本主義の将来の見通しを決める、三つの基本的な矛盾について論じる。すなわち、資本蓄積の矛盾、政治的正統性の矛盾、地政文化的な課題に含まれる矛盾がそれである。[1]これらの矛盾はいずれも、このシステムが成立したとき以来のものでもあり、いずれも、いまやその矛盾が抑えきれない点に近づいている。つまり、システムの正常な機能を維持しようとすれば、そのための調整コストがあまりにも高くついて、もはやシステムに当面の均衡を保てそうにもない状況に至りつつあるといえる。

資本蓄積の矛盾

あくなき資本の蓄積こそは、資本主義の文明の存在理由であり、その主たる活動でもある。それがもたらしたプラスの成果は、その自慢の種でもあれば、それ自体を正当化する材料ともなっていることは、バランス・シートを検討する過程で、すでにみたことである。しかし、それがもたらした矛盾ないしディレンマについては、どうか。

利潤を極大化することが眼目である以上は、資本の蓄積には、生産を相対的に独占することが必要になる。独占の度合いが強ければ強いほど、全体の生産コストと有効な販売価格とのあいだに、それだけ大きな差額を確保することができる。したがって、資本家は誰であれ、独占を求める。しかし、高い利潤は魅力的だから、それが得られる市場には、ほかの者も絶えず参入しようとする。つまり、独占は競争を呼び起こすのであり、その結果、独占と高利潤は同時に蝕まれるのである。しかし、高利潤の源泉が衰微するごとに、資本家たちは――個人であれ、総体としての資本家層であれ――新たな高利潤の源泉を探し求める。つまり、生産の各部門を独占する新たな方法を探索することになる。独占の必要性と独占自体がもつ自壊的性格とのあいだの緊張が、資本主義的経済活動の循環の原因となっている。それはまた、「資本主義的世界経済」の中核の(高度に独占された)生産物と、周辺の(高度に競争的な)生産物とからなる、基軸的分業の成立の原因でもある。

経済的独占は、市場では絶対に達成されない。市場というものは、本質的に反独占的である。ある資本家が他の資本家に対して優位に立つことがあっても、この資本家が優位に立つ原因となった要素を、他の生産者が絶えずコピーできるし、またそうしようとするので、かれの優位はつねに一時的なものにすぎない。すべての生産者が、資本蓄積の拠点となる争いを生き残る必要に翻弄されるからである。しかし、このため、大規模な資本蓄積は、市場メカニズムをとおしては不可能だから、成功を望む生産者は誰しも、市場の彼方を見なければならない。つまり、かれらは、二つの制度に目を向けることになる。すなわち、制度としてきわめて確固とした存在である国家と、はなはだ曖昧模糊としてはいるが、ひとつの制度としてリアルな存在である「慣習」とである。

国家は、生産者のために何ができるか。基本的な点は二つある。国家は、販売の独占化をひきおこすような諸条件をつくり出すことができる。また、国家は、生産要素の購入の独占化をもたらす諸条件をも生み出すことができる。これを実践する最も簡単な方法は、公的な法を制定することである。しかし、公的な法の制定には、二つの点で制約がある。ひとつは、実際の市場は「世界経済」全体にわたって存在しているにもかかわらず、法はそれを制定した国の国境内でしか有効でないことである。いまひとつの制約は、国家は、このような立法に反対する、多くの政治的圧力に晒されるということである。たとえば、除外された経営者も圧力をかけるし、その経済的地位がこの立法によって害されるすべての非生産者も、そうするはずである。こうした理由からして、徹底した法による規制が採用されることは、滅多にない。（いまとなっては、ほとんど過去のものとなっているが）いわゆる社会主義国家の場合のように、そうした法的措置がとられてきた場合でも、長期の資本蓄積のメカニズムとしては、あまり効果的ではないことがわかっている。したがって、より一般的に採用されてきた道は、国家が選択的、かつ、しばしば間接的に市場に介入する方法であった。国家は、何よりもまず、国家対国家の関係において、とくに、強国の弱小国家に対する関係において介入する。すなわち、強国は、特恵待遇を強制し、最も重要なことに、弱小国家の市場への進出は拒否させないで、これらの弱小国家にいる競争相手が、自国の効率のよい生産方法を真似ることは困難にするかたちで、介入する。第二には、他のひとりないしすべての競争相手に対して、特定の生産者集団に有利になるように企図された予算、財政、再分配の決定を通じて、介入がなされてきた。国家による第三の介入方法は、生産要素の売手(とくに労働力の売手)が特定の生産者集団の独占的地位を脅かすことを阻止するという形態をとる。

国家に固有の役割は、絶えず変化する。世界市場の諸条件が絶えず変化するし、インターステイト・システムにおけるバランス・オヴ・パワーも絶え間なく変化し、国家内部の政治情勢も、つねに変動してゆくからである。したがって、生産者集団の自国に対する態度も変化すれば、同様に、国家の行為がとくにかれらを助けたり、害したりする可能性も変化する。しかし、つねに変わらないのは、強力な生産者たちは、国家に対してかれらの市場における地位の向上を図るように要求するものだ、ということであり、こうした要求には、概して国家は肯定的な反応をしてきた、ということである。このことが「資本主義的世界経済」の恒常的な条件でなかったとすれば、資本主義の文明は、決して繁栄できなかったであろう。

しかし、生産者は、国家だけを頼りにしてきたのではない。かれらは、「慣習」にも依存してきた。すでにふれたように、「慣習」は曖昧模糊としてはいるが、だからといって、重要でないわけではない。「慣習」のなかには、好みをつくり出すことによって、市場を創出する役割が含まれている。宣伝とマーケティングとは、「慣習」の産物としてわかりやすい例であるが、この二つがすべてというわけではない。「慣習」には、これよりはるかに大きい役割、つまり、価値体系全体をつくりあげる役割もあった。価値体系は、あらゆる社会化のための制度によって育まれ、再生産されてきたのだが、こうした諸制度は、過去五〇〇年以上の近代史を通じて生み出され、洗練されてきたものである。われわれが「消費社会」の存在について語るときに問題にしているのは、まさに、このような広汎な枠組みのことである。他のものでは駄目で、特定の種類のモノを必要とする傾向は、資本主義の文明が社会的に生み出した傾向である。その広い基礎は、他の諸制度によって確保されている。これを基礎として、特定の生産者集団は、購買者の大集団を説得して、特定の種類の生産物を購入するように説得するディスクールを展開することができた。このことが、相対的独占を確立する能力のなかで、鍵をなす要素となっていることは間違いない。

「慣習」は、さらに、もっと巧妙なやり方でも作用する。すなわち、言語と文化という既存の太いチャネルがあり、このチャネルそのものが、ある経済集団が取引相手を選ぶにあたって、市場経済の論理だけに任せた場合とは異なる人びとと取引する可能性を、おおいに強めるのである。「資本主義的世界経済」における現実の経済取引は、ふつうに考えられている以上に、共同体や家族、つまり、親近性や信頼性に依存してきたのである。ある限界点までは、こうすることで交易コストを削減できるので、市場条件からしても合理的といえるが、この限界点は簡単に、しかも絶えずこえられて、市場条件を考慮して決めるというよりは、「慣習」に基づく生産の独占化に突き進みがちであった。

すでにみたように、競争はつねに独占の基礎を掘り崩す。しかし、そうなるためには、競争者は、たんに市場のみに依存することはできない。というのは、市場は、国家や「慣習」によって競争を制約されているからである。潜在的競争者は、通常、まず国家を変え、「慣習」を変えるために行動しなければならない。かれらは、この目的のために、次のような方法をとってきた。すなわち、ひとつの国家集団を他の国家集団と対抗させるか、国家の政策を変更させるために、国内に政治同盟をつくりあげるか、社会闘争の場で、「慣習」的とされる行動や期待される行動のパターンについての社会的定義を変えるように行動する――つまり、ある程度は、さしあたっての好みを変えることで、またある程度は、より根底にある価値観を攻撃する――ことによって、かれらは目的を達しようとしたのである。

こうして、資本蓄積の政治は絶えざる闘争であり、その結果、「世界経済」の全体としての拡大を保障していたはずの独占体は、その体液を搾り取られてきたのである。このような過程、言いかえれば、競争がしだいに激化していく過程は、いかにゆっくりとしたものであったにもせよ、利潤の減少とコンドラチェフ循環のB局面とよばれる長期停滞をもたらすことになる。この種の停滞が起こるたびに、世界システムは均衡が崩れる。システムが再び拡大に向かうことを可能にするために、つまり、再びあくなき資本蓄積を保障できるようにするためには、何らかの調整が不可欠となる。

標準的な調整の仕方が三種類あり、それらはいずれも、全体としての利潤の水準を引き上げ、「世界経済」の拡大過程の再開に基礎を与えるものである。すなわち、ひとつは、競争になっている生産物の生産コストの引き下げを可能にするものである。いまひとつは、競争になっている生産物に、新たなバイヤーを見つけることを可能にするものである。最後のやり方は、比較的独占が可能でありながら、大きな市場の存在する、新たな生産物を見いだすことである。じっさい、全地球的な利潤の減少が生じるたびに、これら三種類の調整がなされてきた。

生産コストを引き下げるひとつの方法は、インプットのコストを引き下げることである。しかし、これだけでは、その生産者の利潤を増やすことにはなるだろうが、他の生産者の利潤をも引き下げることになりかねない。したがって、全地球的には、あまり大きな意味がないことにもなろう。生産コストを引き下げるもっと有効な方法は、労働コストを引き下げることである。労働コストの引き下げには、いっそうの機械化を推進する方法、法や慣習を変えることによって実質賃金を引き下げる方法、生産を労働コストの安い地域に移す方法などがある。これらの作戦がうまくいけば、労働コストを引き下げることは容易である。

しかし、こうした作戦は、利潤率とはいわないまでも、利潤の総量を拡大する――つまり有効需要を拡大する――ための他の手段とは矛盾する。有効需要を増やすためには、全地球的な範囲での労働投入に対する報酬の絶対水準を下げるのではなく、反対に上げていかなければならない。こうした二つの必要は、どのように融和させられるか。歴史的には、道はたったひとつしかなかった。つまり、立地をうまくやるということしかなかったのである。世界システムのなかの、比較的有利な地域において、何らかの意味で有効需要を引き上げる――賃金水準の引き上げや社会的賃金ないし国家管理下の再配分による――政治的施策がなされるときには必ず、別の地域において、低い賃金水準での生産者の数を増やすような方策がとられた。後者は、主に二つの形態をとってきた。すなわち、土地に根ざした農村の労働者をして、生涯の一時期をより都市的な賃金労働者として過ごさせることと、「世界経済」の境界をひろげて、それまでは農村の生産者で、しばしば主としては自給的生産者であった者を、その労働力として取り込むことである。

利潤の水準を回復するための、第三の、最もよく知られた方法は、もちろん技術変化によるものであった。すなわち、新たないわゆる独占的で利潤の高い経営の対象となりうる、「主導的生産物」をつくり出す方法である。この方法もまた、独占を維持するためにかなりの国家介入や「慣習」の再構築を必要とする。それがなければ、経営に乗り出そうかという者も、尻込みしてしまうはずである。

資本蓄積の矛盾についてのこのモデル、つまり、独占化が繰り返されるというモデルでは、競争の増大のために利潤が縮小し、反作用のために利潤の水準が――したがって、均衡も――回復される。とすれば、そこで効果的な調整が無限になされる可能性には、制約があるのだろうか。これらの新生産物は、生物圏の生態系を破壊する方向にはむかうだろうが、技術上の発明が連続するかどうかという点には、おそらく制約はない。そうした制約がみられるのは、有効需要を拡大する場面においてであるはずである。というのは、そのために必要となる政治行動が、長期的には、別の筋道から利潤率を引き下げる働きをするからである。次に、このディレンマについて考えてみよう。

三つの調整方法のうち、最も強い制約がかかっていると思われるのは、最初の調整の方法、すなわち、低コスト部門の労働力を拡大する方法である。というのは、この過程には、二つの本質的な限界が認められるからである。ひとつには、「世界経済」に取り込まれるべき、新たな地域には限界があるし、現にわれわれはその限界に行き当たってしまっているように思われる。いまひとつは、生涯の一時期を都市で労働者として過ごすように、農村から引き出されるはずの土地に根ざした農村労働者にも、限界があるということである。この限界にも、われわれはごく近い将来、突き当たることになろう。都市の周縁人[2]という予備軍――世界人口のなかでも、きわめて急速に拡大しつつある部分――をもって、農村の土地に根ざした労働者に代えることができるだろうか。おそらく可能であろう。しかし、都市の周縁人は、国家の正統性を主張する者にとっては、土地に根ざした農村の労働者よりはるかに脅威である。

資本蓄積のディレンマが、直接的に、政治制度の正統性〔合法性〕の主張に内包されるディレンマをもたらすことは明白である。しかも、後者の方が、資本主義の文明にとっては、おそらくははるかに深刻なアキレス腱なのである。

政治制度の正統性の主張に含まれる矛盾

資本主義の文明の正統性を主張する議論に含まれるディレンマは、わかりやすいものである。あらゆる史的システムは、システムの幹部となる階層に報酬を与えることで生き延びた。知られている限りのすべての史的システムは、物質的にも、社会的にも、ろくな報酬を得ていない大衆をも、おとなしくさせておかなければならなかった。この目的のためにふつう採用されてきたのは、力と信条の組合せであった。ここでいう信条とは、支配者は神聖だという信念と、階層秩序は絶対に必要なのだという信念とを結びつけたものである。

数世紀――おおまかには、一五世紀末から一八世紀終わりまで――にわたって、資本主義の文明は、古代以来の正統性を主張する方式が使えるものと考えてきた。この時代は、第一義的に、絶対君主を通じて中央集権国家を建設しようとした時代である。と同時に、それは、インターステイト・システムの建設時代でもあった。それは勝者と敗者を生み出し、インターステイト・システムの内部に、諸国家のハイアラキーを確立した時代でもあった。システムの幹部は、勝者となる国家機構と密接につながっていく代わりに、然るべき報酬を与えられた。経営者にとって、強力な国家機構の支持を得ることがいかに重要であったかは、すでにみた。他方、反対にこうした国家は、システムの幹部たちからの支持を得たのである。

しかし、いまや一五〇年にもわたって繰り返し分析されてきているように、大衆の相対的黙従を保障していたこれらの信念の体系を掘り崩したのは、資本主義の文明であった。(技術革新と結びついた)科学主義、(資本蓄積過程の効率化に必要な)国家構造の官僚化、および(資本主義的生産活動のための労働力需要から不可欠となる)大きな人口の組織的な動員には、政治文化の大規模な再活性化が必要になる。この再活性化の触媒となったのが、フランス革命である。フランス革命の衝撃は、何よりも、人民主権の概念を、政治的な意味で、史的システムとしての資本主義の新たな道徳的正当化の道具としたことにある。

とすれば、いまや理論上、正統性の主張の根拠となった大衆の忠誠を多少とも確保しながら、いかにして幹部に報酬を与え続けるかという、ディレンマが生じる。一九世紀には、このディレンマは、幹部のみならず、労働者階級をも「資本主義的世界経済」の中核諸国——当時は、主に西ヨーロッパと北アメリカにあった——の国家構造にどのようにして組み込むか、という問題として現出した。つまり、当時の絶対的剰余価値の水準を前提にすれば、労働者階級への報酬が高すぎる場合には、幹部への報酬は深刻な影響を受ける、というディレンマが生じたのである。これこそが、いわゆる階級闘争であり、従来はうまく抑制されてきた闘争である。

報酬を絶えず増大させるという幹部への約束と、国家への忠誠の代償を求める労働者階級の要求を調和させるために、後者には、ほんの小さなパイの切れ端を与える方法がとられた。そこで与えられたものは、資本の蓄積を脅かすほどのものではなかった——むしろ、世界の有効需要を拡大することで、資本蓄積を促進するくらいであった——が、こんな小さな切れ端でも、時間の経過とともに、資本蓄積の進展にともなって大きくなっていくだろうと期待させるには十分なものだったのである。

この調整方法をとると、短期的には問題を解消することができたが、長期的には労働者階級のシェアを拡大して、かれらの夢を実現せよという圧力が絶えず生み出されるため、むしろ問題をより深刻にした。それにしても一九世紀のあいだは、この調整メカニズムは見事に機能した。一九世紀を通じて、中核諸国の労働者階級は、報酬引き上げの二つの筋道を与えられた。すなわち、ひとつは、政治参加の道、つまり、普通選挙制度のゆっくりではあるが継続的な普及であり、いまひとつは、国家介入による再分配、つまり、社会立法や社会賃金、福祉国家の、ゆっくりではあるが継続的な発展である。これにともなって、〔労働者の〕期待は社会的に保障され、支配的なイデオロギーである自由主義のみならず、それに代わるものと考えられた社会主義のイデオロギーにも、体現されていった。

一九一四年までに、結果が出た。中核諸国における労働者階級は、それぞれの国にすっかり統合され、愛国主義と改良主義に染まっていった。この解決方法をとったからといって、実際のところ、幹部が、かれら自身の所得を著しく高める能力を妨げられるということもなかった。というのは、この解決方法は、世界の総資本蓄積が急速に拡大し、今日、「南」とよばれている地域の搾取を著しく強化するという枠組みのなかで、実施されたものだからである。

第一次世界大戦は、「南」に対する中核諸国の政治的支配を弱めた。「南」の民衆が政治的に統合されることは、世界システムが安定して機能するために、不可欠な条件となった。中核諸国の内部では、すでに一九世紀に解決された政治的正統性の主張にまつわるディレンマが、二〇世紀には世界的な規模でぶり返したのである。問題はいまなお、いかにして幹部に与える報酬を増やしつつ、(いまや全世界の)大衆にパイの小さな切れ端と改良の期待を与えるか、ということであった。この問題に対する解決策は、かつて中核諸国の国内で採用された作戦を世界大に拡大適用する、いわゆるウィルソン主義であった。ウィルソン主義は、民族自決の原理に基づく普遍的参政権——国内の全市民に政治的平等を保障するのと同じように、インターステイト・システムにおけるすべての国家の平等を認める——を保障するものであった。ウィルソン主義はまた、開発援助に支援された低開発国の経済開発という考え方(や世界レヴェルでの福祉国家)の概念のなかに、〔一国内の〕社会立法や福祉国家との類似性をみるものでもあった。

このタイプの調整も、初めのうちはうまく機能して植民地解放が進み、一九四五年から六五年にかけて、第三世界全体で、民族解放運動が権力の座につくようになった。しかし、一九世紀の調整とは異なって、二〇世紀のそれは「植民地世界経済」のいっそうの地理的拡大に裏打ちされてはいなかった。というより、そのような裏打ちは、そもそも不可能であった。したがって、幹部に割り当てられる剰余価値のシェアにあまり深刻なマイナスの影響を与えない範囲で、世界システムのなかで労働者に与えうるものは、一九七〇年頃には限界に達した。この頃から、ウィルソン主義は後退した。この頃から「世界経済」は下降局面――それ自体は、「世界経済」として、ごく正常な現象である――、つまり、世界的な経済停滞の局面に入っており、現在に至っているのだが、この局面では、資本蓄積のディレンマにかんして、すでに述べてきた通常の調整過程がすべてみられた。にもかかわらず、それらは、いまや世界システムにとって、国民国家の正統性を維持するのに必要な調整を行なう力があまりなくなってきているのである。

この結果、一九七〇年代と一九八〇年代には、以前の「南」における民族解放運動が政治的に崩壊し、ついで、かつての社会主義陣営の各共産党が、さらには、中核諸国におけるケインズ主義的民主主義や社会民主主義さえもが、政治的に崩壊していったのである。闘争の世紀を通じて、現実に権力の座についていたこうした運動が崩壊してしまったのは、大衆の支持がなくなったからである。しかし、大衆の支持の消滅は、また、改良主義への期待を放棄することをも意味した。それは、国家システムの結束力の一つを取りのぞき、実際問題として、民衆がそれを正統と認める条件の一つをも失うことになったのである。しかし、国家がもはや正統性を持たないとすれば、国家は政治闘争を抑えることができなくなる。資本主義的世界システムの観点からすれば、この左翼の戦略の崩壊は悲劇であった。というのは、古典的な左翼の戦略は、革命的であるどころか、資本主義の文明の統合のための接着剤だったからである。

地政文化的な課題に含まれるディレンマ

資本主義の文明は、従来は決して重要でなかった地政文化上のひとつの課題、すなわち、いわゆる歴史の主体としての個人の重要性という課題をめぐって、確立されてきた。個人主義は、それが両刃の刃であるために、ディレンマをひきおこす。一方では、個人のイニシアティヴを強調することで、資本主義の文明は、利己心をシステムの繁栄と維持とに結びつけてきた。プロメテウスの神話が、経営者のみならず、労働者についても、効率を最大にし、人間の創造力を解放するための個人の努力を奨励し、それに報酬を与え、正当化してきた。じっさい、あまり気づかれていないことだが、プロメテウスの神話は、もっと大きな役割を果たしたのである。すなわち、個人を公式の政治体に組織するという考え方を発明したのも、プロメテウスの神話である。ここでいう組織化のなかには、奇妙なことに、反システム運動そのものの創出や、その大発展が含まれている。こうして、反個人主義的な社会意識でさえ、個人のエネルギーの結集に依存し、こうした社会行動が有効だという個人の信念に基礎をおいていた。結果は、期待が社会的に醸し出されるということであった。しかも、この期待こそが、世界システムの決定的に重要な保存剤として役立ってきたのである。

しかし、個人主義には、もうひとつの顔がある。それこそ、地政文化的な課題のディレンマが生じる理由である。というのは、個人主義は、とくに万人の万人に対する悪意に満ちたかたちでの競争を奨励するからである。つまり、個人主義は、この競争を少数のエリートのものとはせず、全人類のものとするからである。しかも、個人主義には、論理上、際限がない。じっさい、近代の哲学や社会科学の言説の大半は、こうした純粋な自己探求が社会的に解放されることで生じる、集団的・個人的危険の方に集中してきているのである。

資本主義の文明にとって、当初から問題は、個人を歴史の主体として確立したことのプラスの結果とマイナスの結果を、どのように融和させるかということであった。むしろ、保守的なイデオロギーの持ち主も、社会主義の理論家も、ともに、つねに、まさにいまやわれわれは破滅の前夜にいるのだと警告を発してきた。ただ、実際には、保守派であれ、社会主義者であれ、(かれらが扇動した運動であれ)このような地政文化的な課題の推進に抗して、いつまでも異議を唱え続けるということはなかった。それよりは、むしろ、かれらはそれに適応し、それを自己の目的に適う方向にむけようとしたのである。

とすれば、どのようなメカニズムによって、この矛盾が抑えられてきたのだろうか。同時に二つの命題を否定したり、逆に、同時に認めたり、両者の間をジグザグに揺れ動くことで、それは抑えられてきたのである。強調ないし実践されてきたことは、二つある。すなわち、一方での普遍主義と他方での人種主義と性差別である。どちらも、資本主義文明の最も典型的な産物である。両者は一見、正反対のようにみえるが、実際には、きわめて補完的なのである。資本主義の文明が、歴史の主体としての個人という地政文化上の課題のディレンマを抑えてきたのは、両者の間に奇妙で、危うい連携を保ちながらのことであった。

普遍主義とは、実際問題としては、何を意味するのか。理論的には、この言葉には、人類を道徳的に均質化するという意味が含まれている。それは、万人が同じ人権をもつという主張であるばかりか、人間の行動には、われわれが分析し、確かめることができる一般命題が存在するという主張でもある。したがって、普遍主義は、特権をもつ人間がいるという考え方に対しても、集団間には、生まれつき能力に差があるという主張に対しても、つねに疑いの目を向ける傾向がある。

人種主義と性差別が実際に意味していることは、これとはまさに正反対である。それは、万人が同じ人権をもつのではなく、むしろすべての人間は、生物学的にも、文化的にも、明確にハイアラキー状に位置づけられているのだ、という主張である。このハイアラキーのどこに位置するかで、その人の権利や特権が決まり、集団労働の過程における位置も決まるのだというのである。それは、ある集団は別の集団とは、生まれつき能力に違いがあり、ものごとをうまく処理できるという事実によって説明され、正当化もされるというのである。

五〇〇年に及ぶ資本主義の文明について、最も尋常ならざる事実は、この〔相反する〕二つの命題が、同時に強く信じられ、社会的に実践されてきたうえ、その信念と実践が、相携えて強化されてきたということである。それはあたかも、一方の実践が他方のそれを強めるといった調子であった。個人主義の二つの顔――つまり、エネルギーとイニシアティヴと創造力を鼓舞するものとしての個人主義と、万人の万人に対する果てしない闘争としての個人主義――に話を戻せば、普遍主義と人種主義・性差別という二つの実践が、いかに地政文化的な課題が内包する矛盾のもつ均衡破壊的なインパクトから生まれたか、また、それでいて、この二つの実践が、そうしたインパクトの程度をいかに制限してきたか、がわかる。

一方では、普遍主義は、ここでいわれている矛盾は実在しないという結論を導く。というのは、果てしない闘争は、実際にはイニシアティヴを鼓舞するものであり、したがって、そこからどんな特権が現われたとしても、それはいずれも、万人が平等に機会を与えられた状態のもとで、より優れた成果をあげた結果だとして、正当化されるからである。この議論は、二〇世紀になって、能力主義として体系化された。能力主義のもとでは、資本主義的な蓄積過程の最上層にいる人びとは、その地位に値する能力をもっているのだということになる。

他方、人種主義と性差別は、底辺に置かれている人びとが、なぜそうなっているのかを説明する。この人びとは、機会を提供されても、イニシアティヴを発揮してこなかったのであり、本質的に(生物学的にはそうでなくても、少なくとも文化的には)、首尾よくやる能力がないために、万人の万人に対する果てしない闘争に敗れたのだとされる。バランス・シートの問題に戻れば、バランスが少数の人びとに有利になっていることは、普遍主義によって説明され、正当化される。逆に、大半の人びとにとってバランスが不利になっていることは、人種主義と性差別が説明し、正当化する。

この二つの実践は、互いに相手を抑制し合っているため、つねに一方を牽制するために、他方を利用することが可能であった。普遍主義が行きすぎて平等主義になってしまうのを防ぐために、人種主義と性差別を利用し、人種主義と性差別が行きすぎてカースト制度化し、資本の蓄積過程に不可欠な労働力の流動性をなくしてしまうのを防ぐために、普遍主義を利用することができたのである。これこそ、ここでいう「ジグザグ」の過程である。

国家への要求をエスカレートさせるには限界があることと、そうした要求を満たすことは本質的に不可能――資本蓄積のディレンマが切迫すると、政治的な正統性の主張に含まれるディレンマも切迫したものになった――であることとが結びついたことが、このジグザグの動きへの制約となった。その結果、普遍主義がもつ平等化の潜在能力を実現したいという要求が強まれば強まるほど、人種主義と性差別がもつ不平等化を生み出すカースト的潜在能力を実現したいという要求も、ますます大きくなったのである。

この二つの実践は、互いに牽制し合うどころか、ますます勝手に動きはじめたということである。地政文化的な課題を主として提示したのは教育制度であるが、その文化的内容にかんして表面化した論争に、このことがよく表われている。学校というものが普遍主義的なものであるとすれば、それは特定の一集団、つまり、世界の上流階層の普遍主義ということになるではないか。しかし、かりに学校が「多文化主義的」であるとすれば、理論的には、当の教育制度をもって克服しようとしている、文化の非統合性を助長していることにはならないのか。しかし、かりに個人が歴史の主体であるとすれば、個人の能力による上昇の道を用意すべきではないのか。しかしまた、個人が歴史の主体であるのなら、下層階級出身の個人に、かれらが社会的に奪われてきた客観的な成果をあげる機会を回復したりすべきではないのではないか。この論争は、しだいに相手のいうことを無視した対話となりつつあるのだが、にもかかわらず、両陣営とも、政治的・文化的に、しだいに動員を強めているのである。

史的システムの危機

三つのディレンマを統合してみるとどうなるのか。資本主義の文明は、いくつもの矛盾のなかで、練りあげられてきたことがわかる。このこと自体は、めずらしいことではない。すべての史的システムは、矛盾を抱えていた。史的システムとしての資本主義の場合は、主要な矛盾が三つあった。それらについては、すでに簡単に説明を試みてきた。これらのどの矛盾も、調整メカニズムによって歴史的に抑制されてきた。しかし、どのケースにおいても、こうした調整メカニズムは、過大な要求をされ過ぎてきたということもある。こうした緊張の積み重ねは、近代世界システムそのものが、すでに危機に近づいている、というより、すでに危機に陥っていることを意味するともいえよう。

システムの危機とは、言いかえれば、このシステムが分岐点、ないしこれから次々と遭遇する分岐点の最初のものに到達した、ということであるかもしれない。システムというものは、均衡点から大きくはずれてしまうと分岐点に達する。そこでは、不安定さの解決の可能性がひとつではなく、複数存在する。こうなるとシステムは、いわば、いろいろな可能性のなかで選択を迫られることになる。選択は、次の二つの要素によって決定される。すなわち、ひとつは、このシステムのこれまでの歴史であり、いまひとつは、システム内部の論理とは別の、外的要因の当面の強さとである。こうした外的要因というのは、システム論でいう「ノイズ」にあたる。システムが正常に機能している限りは、「ノイズ」は無視できる。しかし、均衡がひどく崩れてしまった場合には、「ノイズ」の確率変数が深刻な影響を与える。したがって、いまや大混迷のこのシステムは、内部では予見不能だが、新たな形態の秩序をもたらすようなやり方で、根本から徹底的に構成しなおされるであろう。このような状況のもとでは、分岐点はひとつではなく、カスケード〔段々になった滝〕状をなしている可能性があるし、事実、そうなっているのが普通である。このようなカスケードは、新しいシステム、すなわち、長期的、相対的に均衡のとれた新たな構造が確立するまで続くのである。そのような構造が出現すれば、われわれはまた、決定論が有効といえるような安定状態におかれることになろう。いままさに生まれ出ようとするこのシステムは、おそらくより複雑なものであり、何はともあれ、旧来のシステムとは異なるものになるはずである。

物理や科学から生物学に至る〔自然科学の〕システムから社会システムに至るすべてのシステムに適用される、この全般的なシェーマを現在のここでの関心、つまり、資本主義の文明の将来の見通しに適用するとすれば、状況は次のように要約できよう。「資本主義的世界経済」は、比較的安定した史的システムであった。つまり、すでにそれは、五〇〇年にわたって、ある種の規則的な論理のなかで動いてきたのである。ここまで、史的システムとしての資本主義のバランス・シートの評価を試み、その均衡を維持するのに不可欠な調整の過程にどんな圧力がかかったかを示そうとしてきた。その際、史的システムとしての資本主義が、いま分岐点に到達しつつあるか、あるいは、すでにそれに到達してしまっているのはなぜか、その理由をも示唆してきた。いまやわれわれは、少なくとも五〇年以上は続くかもしれないカスケード状にひろがる分岐の過程の真っただ中にあるように思われる。何か新しい歴史的秩序が出現しつつあることは確実である。それが何であるかは、なお判然としないのだが。

具体的には、最初の分岐点は、一九六八年の世界革命の影響として、象徴的に表示することができよう。この影響は、第二の分岐点である一九八九年のいわゆる共産主義の崩壊まで続き、それを含むものであった。一九六八年の世界革命は、地域によって多様な形態をとって発現したが、そのなかには、むろん資本主義の文明と、それを直接、中心になって支えてきた構造である――ソ連は、これと対抗しているのだとみなされていた——世界システムにおけるアメリカ合衆国のヘゲモニーに対する叛乱があった。しかし、他方では、同時に、旧来の反システム運動——すなわち、西洋における社会民主主義者たち、社会主義陣営における各共産党、第三世界における民族解放運動——もまた、運動の効果がなくて失敗に終わったり、もっと悪いことには、既存の世界システムを暗黙のうちに正当化する装置となってしまったために、ことごとく拒否されることになったのである。一九六八年の革命派にとっては、改良主義、啓蒙主義の価値観、変革の政治的道具としての国家機構への信頼の三つを同一視する傾向があった。かれらは、この三つの要素すべてに反対したのである。一九六八年の革命派がまとっていた対抗文化の衣裳は、(よくいわれるような)個人主義一般の肯定であったというよりは、(個人の資質を十分に発揮できる方向に向かう)いろいろな圧力のなかのひとつをとくに支持し、(利己的な消費拡大主義に向かう)逆の圧力を、とくに拒否したということである。

一九六八年に世界各地で起こった事件は、典型的に最初の分岐点の特徴を示した。社会的な心情の揺れは、極度にひどかった。これらの事件は、広い範囲で国家構造そのものの正統性を認めること——このことこそが、かねて資本主義の文明を安定化させる力となってきた——に、はじめて本格的に異議を唱えたものであり、いわば破裂とでもいうべき出来事であった。もちろん、一九六八年の革命派の直接の要求には、国の社会政策による調整で満たされたものもあれば、当局によって抑圧されてしまったものもある。こうした調整は、「資本主義的世界経済」の周辺におけるよりも、中核地域において、より頻繁に認められた。それが最も少なかったのは、社会主義諸国である。それどころか、経済の停滞したブレジネフ時代は、一九六八年の諸要求に対しては抑圧的でさえあった。周辺地域であまり調整がなされなかったのは、世界的な資本蓄積の過程が、こうした地域にはあまり柔軟性を与えなかったからである。こうした地域の国家構造はすべて、コンドラチェフ循環のB局面では、厳しい財政逼迫に見舞われており、異議を唱える者をカネの力で買収できる立場にはなかったのである。さらに、そこで権力の座にあった政権は、概して、まさしく反システム運動の政権であった。ということは、ふつう、この種の運動が政府の政策にかけるはずの圧力が、そこにはなかったことを意味する。

これらの政権は、次々に解体され、オイル価格の変動や累積債務の激増、交易条件の低下によって、強制的に国際通貨基金の指導下におかれるようになって、民族の正統性は否定された。こうしたかたちで崩壊した諸政権のなかでも、最後にきたのが東欧の共産主義政権であった。いまやこれらの政権は、他の第三世界の諸国と同じ道を歩んで、消えていったのである。こうして、カスケード状の分岐点の第二局面は、一九八九年〔の出来事〕に象徴されている。見かけ上は一九六八年とは違っているが、実際には、どちらの年の出来事も、ほぼ同様の課題を追究していたことになる。すなわち、そこには、国家主導の改革路線によって、世界システム内部での平等を達成できる可能性はないという、幻滅感があった。

このような共産主義の崩壊は、資本主義の文明の安定にとっては、一九六八年の諸事件以上に深刻な打撃となった。これまでは、反システム運動のいくつかが失敗しても、ソヴィエト・モデルに十分従わなかったから、本質的に脆弱だったのだと示唆することで、言い訳をすることもできた。しかし、ソヴィエト・モデルそのものが崩壊し、内部から幻滅がひろがったいまでは、着実な社会変革による進歩の可能性は、はるかに遠いものになったように思われる。レーニン主義への幻滅は、中道派の自由主義への幻滅でもあった。元の社会主義諸国は、世界システムの非中核地域というカテゴリに、知覚のレヴェルで再統合されたにすぎない。この第二の分岐点の特徴は、結果として、国家構造の分解をもたらしながら、一九一八年以後および一九四五年以後の民族主義的な反植民地運動がもった、楽観的で(安定をもたらすような)効果を発揮することはできなかったという点にある。ウィルソンが呼びかけた民族自決は、なおすっかりその力を失ったというわけではないが、もはやかつてのような魅力は決定的になくしている。

とすれば、資本主義の文明はどこへ行こうとしているのか。ある意味では、「資本主義的世界経済」は、例のお馴染みの軌道――一方では(おそらくは、アメリカ合衆国の協力を得た)日本を、他方では(西)ヨーロッパを、資本蓄積の中心として再創造する――を着実に歩んでいくであろう。二一世紀の初めには、両者の間で、新たな独占的生産部門に基礎をおく生産が展開し、世界的に新たな大発展をとげることになろう。しかし、世界の予備労働力のプールが少なくなるために、この両極がこれまでどおりの高い資本蓄積率を維持できるかどうかは、必ずしも明確ではない。

〔しかし〕このような発展は、必然的に報酬と社会構造のいっそうの両極分解をひきおこすはずである。このことが、政治体制の正統化に負担をかけ、それを不可能にする理由についてでは、すでにみてきた。こうして、地域についても、広域についても、世界にかんしても、いまや大混乱の時代、紛争の時代へと突入しつつある。ここでの紛争は、二〇世紀のドイツと合衆国の間の戦争やそれに続いて起こった民族解放戦争に比べて、はるかに構造化されない、(したがって、はるかに抑制の効かないものに)なるであろう。

政治体制の正統化に負担がかかり、その矛盾を抑制することができないと、これまで、地政文化的な課題に含まれるディレンマを抑制してきた進歩に対する信頼が揺らぐ。人びとは、もはやそもそも全能の個人が歴史の主体だ、などとは信じなくなるから、集団による保護を希求しはじめている。新たな地政文化の課題は、すでに明らかになっている。すなわち、それは、アイデンティティにかかわる課題である。言いかえれば、「文化」――より正確には「諸文化」――とよばれる、きわめて漠然とした概念の外皮を被ったアイデンティティのそれである。しかし、この新たな課題は、たんに新たな地政文化的な課題に含まれるディレンマを生み出すだけである。一方では、複数のアイデンティティを求めることは、すべての「文化」の平等の要求でもある。他方では、それは特異性の要求でもあり、したがって、すべての「文化」の暗黙の階層化の要求でもある。人びとはこの二つの矛盾する力の中間で動くので、こうした「諸文化」をもつ集団の境界は、絶えず定義しなおされることになる。しかし、「文化」という概念そのものは、こうした境界が安定的であることを前提にしているのである。

したがって、あらゆる方面で爆発が起こっても、不思議ではない。自己の属する「文化」が当面、特権から排除されていると思った人びとは、集団間の不平等から脱出する出口を確保するために、三種類の政治メカニズムに頼ることができる。ひとつは、根本的に他者性を培養することである。第二のメカニズムは、効果的な武力をもった、より大きなユニットの政体を構成することである。第三のそれは、文化の境界を個人的に越えること、つまり、個人が「文化的」上昇をとげることによる脱出である。これらのメカニズムは、いずれも新しいものではなく、いずれも、かつては国家志向の改良主義ないし疑似革命派による国家権力の追求に、変革への道として使われてきたものである。ただ、いまでは、個人の権力の集合体が、諸集団の固有の権力に代位されつつあるのである。

きたるべき二五年ないし五〇年のあいだに、「南」と「北」で、それぞれに違ったかたちの混乱を見ることになりそうである。「南」では、おらそく二〇世紀を通じて圧倒的な光景となっていた民族解放運動は、もはや見られないであろう。よかれあしかれ、民族解放運動は、その歴史的使命を終えたのである。こうした運動に、なお果たすべき役割が残っていると考えている者はほとんどいない。じっさい、過去二〇年間に目立ちはじめた三つの選択肢がある。それぞれを、ホメイニの選択、サダム・フセインの選択、「ボート・ピープル」の選択とよんでおきたい。資本主義の文明の均衡を図るという観点からすれば、これらはいずれも、等しく不確かなものである。

ホメイニの選択は、徹底した他者性の選択である。つまり、世界システムのルールに従ってプレイすることを、集団的に拒否する方法である。十分な集団としての資産をもつ、十分大きい集団がそうするとなれば、システムの均衡にとっては、かなりの脅威となりうる。一例くらいなら、なんとか抑えることもできそうだが、それも大難渋のうえのことであろう。しかし、こんな集団が同時に大量に出てくれば、システムにとっては大災厄となろう。

サダム・フセインの選択は、これとはまったく違うが、扱い難いという点ではよく似ている。それは、比較的大きな国をつくり出す道であり、こうしてつくり出された国は、「北」との実際の戦争を意図して、おおいに軍備を強化する。それは、容易な道ではないし、湾岸戦争以後、「北」は〔この種の国に対して〕十分に対抗できるようになったようにもみえる。しかし、見かけに惑わされてはならない。この政策を選択する国はどんどん増えており、実際には、それに簡単に対抗することは、ますます困難になっている。じっさい、軍事的には完全に敗北したのちのイラクにおいてさえ、サダム・フセインの選択が完全に消滅させられてはいないことを、忘れてはならない。

最後に、「ボート・ピープル」の選択がある。すなわち、より豊かな地域への、大量で、絶え間ない非合法移民を促進する方法で、「南」から「北」への逃走を意味する。「ボート・ピープル」を送り返すことは可能だが、それもなかなか困難なことではあるし、しかも、ますます多くの人びとが押し寄せてくる。きたるべき二五年ないし五〇年のあいだには、こうした「南」から「北」への移民は、膨大な数に達するかもしれない。物質生活の水準のギャップと、人口のギャップという二つのギャップが実在する以上、いかなる「北」の国も、またいかなる政策によっても、この流れをうまく塞き止められるとは思えない。

とすれば、経済的になお浮揚力をもつ「北」には、何が起こるだろうか。「北」においてさえ、国家構造の効率は落ちるだろう、と断定してきたことを想起されたい。「資本主義的世界経済」の中核地域における「内なる第三世界」の現象は、人口のバランスが変化するにつれて、ただならぬものとなろう。北アメリカが、今日では最も大きな「南」からの流入民を抱えており、西ヨーロッパが、これに追いつきそうになっている。この現象は、「北」の諸国のなかで、最も強力な法的・文化的な障壁を設けてきた日本においてさえ始まっている。

国家構造が弱体化したために、人口変動が起こると、そのことがまた国家構造をさらに弱体化させる。中核地域では、社会の混乱が、またも常態となっていく。過去二〇年間には、この問題が、「犯罪の増加」という誤った名目のもとにおおいに議論されてきた。いまみられるのは、〔「犯罪の増加」ではなく〕内戦状態の激化なのである。これこそ、混迷の時代の表われである。保護を求めての争いは、すでに始まっている。しかし、国家はそれを与えることができない。ひとつには、国家は資金をもっていない。また、ひとつには、国家には正統性も認められないからである。それに代わって、私的な保護のための軍隊や警察機構が発展するだろう。多様な文化集団、生産団体、地方共同体、宗教団体、さらには、当然、犯罪シンジケートによって、こうした機構が拡大させられるであろう。この状況をアナーキズムと呼ぶのは間違いであり、むしろ、決定論が有効でなくなるほどの混沌とでも呼ぶべきものである。

われわれは、〔この混沌を抜け出して〕どこへ行くのか。というのは、混沌からは、新しい秩序が成立するはずだからである。ひとつのことを除いては、確かなことは何もいえない。すなわち、唯ひとつ、いえることは、資本主義の文明は終わりだろうということである。それをこえていえることといえば、せいぜい、ほかにどんな歴史の軌道が考えられるかを、概観することくらいである。つまり、制度上の詳細な点は、まったく予見不能であるだけに、無視するとして、粗いタッチで概観してみるということである。

世界システムの歴史からみれば、社会のゆくえにかかわる三つのタイプの公式がありうるように思われる。ひとつは、一種の新封建制度とでもいうべきものである。それは、現下の混迷の時代を発展させ、はるかに均衡のとれたかたちで再生産させるはずである。こうして生まれるのは、地域的に限定された主権、かなり自給的な性格をもつ諸地域、地方別の階層秩序などを特徴とする世界になろう。この世界は、現下の相対的に高い技術水準を維持する——おそらくは、いっそう高めるというわけではなくても——ことと、両立もしよう。このようなシステムの原動力としては、あくなき資本蓄積はもはや機能しないが、かといって、それが平等なシステムになることもなさそうである。とすれば、何によってその正統性が保障されるのだろうか。おそらく、自然の階層秩序を信じる方向への復帰であろう。

第二の公式は、いわば一種の民主的ファシズムである。この公式では、世界はカースト風の二つの階層に区分され、上の方の階層は、世界人口の五分の一からなる。この階層の内部では、高度に平等主義的な分配が保障される可能性がある。このような大集団内部の利益共同体を基礎にしているだけに、かれらは、残りの八〇パーセントの人びとを、完全に非武装の労働プロレタリアートとしておくことができるかもしれない。ヒトラーの新世界秩序は、このようなヴィジョンを心に描いたものであった。ヒトラーのそれは失敗したが、それは、上層部をあまりにも狭く考えたからであっただろう。

第三の公式は、もっと急進的で、至るところで高度に分権化され、高度に平等化された世界秩序である。この公式は、三つの公式のうちでも最もユートピア的なものであるが、だからといって、決してありえないことではない。この種の世界秩序は、すでに過去何世紀にもわたって、知的思考のなかでは、しばしば垣間見られたものである。いまや、政治も洗練され、技術の進歩もあって、それを実現することも可能になっているはずなのだが、むろん、確実というわけではまったくない。これを実現するには、消費支出に実際的な限界を設けることを受け入れなければならないだろう。しかし、だからといって、この公式は、たんに貧困の社会化を求めるだけではない。というのは、そのような仕方では、このような世界は、政治的に実現できないだろうからである。

三つの公式のほかにも、可能性があるだろうか。むろん、ある。ぜひ認識しておくべきことは、これら三つの歴史的選択肢は本当に存在しており、どれを選ぶかは、きたるべき五〇年間に、われわれが世界的集団としてどのように行動するかにかかっているということである。どの道が選択されるにしても、それで歴史が終わるわけではなく、それこそが真の意味での始まりなのだ。宇宙の歴史にくらべれば、人間社会の世界史などは、なお、きわめて新しいのである。

二〇五〇年ないし二一〇〇年に、資本主義の文明を振り返ることがあるとすれば、そのとき、われわれは何を考えるだろうか。たぶん、われわれは、〔資本主義の文明に対して〕よほどアンフェアになっているだろう。新しいシステムとしてのコースが選ばれたとすれば、その前にあったシステム、つまり、資本主義の文明のシステムのことは、悪くいう必要があると感じるはずである。その欠陥を強調し、それが達成した成果は無視するだろう。三〇〇〇年頃ともなれば、それ〔資本主義的世界システム〕を、人類史上の魅惑的な演習であったとして、回想することになるかもしれない。例外的で、本筋を離れた時代ではあったが、より平等主義的な世界に至る超長期の移行期のなかでも、歴史的に重要な瞬間であったとしてみるか、あるいは、本質的に不安定な人間搾取の一形態であり、それを通過した世界は、より安定的な形態に戻っていったのだと見るか、のいずれかであろう。「かくのごとく、浮き世の名誉は移ろいやすい《シック・トランジット・グロリア》」！

訳　註

（1）地政文化(geoculture)は、地政学(Geo-Politik)を意識してつくられた造語。世界システムのイデオロギー形態といいかえてもよい。

（2）「周縁人 marginal」。通常の社会生活やライフ・サイクルから脱落した人びと。

訳者あとがき

壮大な『近代世界システム』四巻（邦訳、名古屋大学出版会）によって、ひとつのシステムとしての近代世界の歴史を描き続けたイマニュエル・ウォーラーステインは、二〇一九年、『近代世界システム』第五・六巻の構想を残しつつ逝った。本書は、いわばかれの「世界システム」論の哲学的・理論的背景を簡潔に論じたものである。

当然のことながら、ウォーラーステインの考え方は、はじめから完成したものとして存在したのではなく、長いその研究、叙述、ほかの研究者との対話などの過程で、徐々に形成されてきたものである。とくにその主著となった『近代世界システム』の叙述の進行とともに、中核・半周辺・周辺という世界システムの地政学的構造に加えて、「プランテーション」や「ヘゲモニー」など、さまざまな新しい概念装置が生み出されてきた。（ちなみに、これまで「辺境」と訳してきた"periphery"には、その後「周辺」という訳語が一般化したので、文庫化にあたり、訳語を変更した。）

本書は、初訳出版後でも、すでに三五年をこえているものの、その論旨には、「コロナ禍」を経験したいまも、あらためて「現代世界を歴史的に俯瞰する」ための筋道のひとつとして、共感すべきところがきわめて多い。

四章からなる本書前半の「史的システムとしての資本主義」(Historical Capitalism)は、その第Ⅰ章で世界的な規模での資本蓄積、つまり、狭義の経済問題が論じられ、いわば世界システム論の根幹にかかわる概念装置が提示されている。第Ⅱ章では、独特の「ヘゲモニー国家」や「インターステイト・システム」など、近代世界システムの国際政治にかかわる概念や見方が提示される。「国」を単位として動くように見える政治も、じつは世界システムの枠内でしか動けないことが説明される。この章の多くの部分は、オランダの台頭と重商主義などを扱った『近代世界システム』第二巻の叙述とかかわっている。

第Ⅲ章は、近代世界システム、つまり、資本主義的世界システムが「普遍主義」のイデオロギーを掲げているにもかかわらず、そこには深刻な欺瞞性が潜んでいることへの批判である。このシステムのもとでは、性差別と人種差別が本質的な属性として内在することが示される。『近代世界システム』第三・四巻、とくに第四巻の内容と深いつながりをもっている。

最後の第Ⅳ章では、著者の世界観や歴史観が、より率直なかたちで表明されている。歴史学は過去の事実の探究などではなく、未来学そのものであるべきだとすれば、なかでも興味深いのは、未来への展望にかかわるその「移行論」であろう。台頭したブルジョワジーが古い封建制度を「市民革命」によって打破する、といった歴史観はそこにはない。「移行」はむしろ「管理された変革」として、旧支配層自体の自己変身——ジェントリの封建身分からブルジョワへのなし崩し的変容——によって起こったのである。とすれば、現代史や未来史についても、労働者階級がブルジョワを打倒する「プロレタリア革命」などというものを想定するのは、一種の幻想にすぎない。システムの移行は、ここでもブルジョワ自身の自己変身によって起こる可能性が高い。

近代世界システムに対する古典的な反システム運動——労働・社会主義運動やナショナリズム——は、概して国家権力の奪取を当面の戦略目標としてきた。この戦略は部分的には成功し、多くの革命政権や社会主義政権が生まれた。しかし、この戦略には、致命的な欠陥もあった。すべての国家が世界システムの上部構造である「インターステイト・システム」の枠組みに組み込まれているいまでは、いかなる運動も、権力の奪取に成功したとたんに、このシステムの法則に従って動かざるをえなくなる。革命によって成立した社会主義政権といえども、「世界経済」の法則のなかでしか動けないのである。問題の根は、個々の国家機構にあるのではなくて、世界システムそのものにあるのだ。

著者の歴史観が率直に語られているこの第Ⅳ章ではまた、「進歩」が歴史の必然であるかのように仮定する、いわゆる「進歩史観」に対しても、徹底した懐疑の目が向けられている。近代世界システムの根底にある歴史観こそが、この「進歩」ないし「成長」への信仰である。資本主義的なシステムは、それに先だった封建システムよりよいものだとは言い切れないし、資本主義的なシステムもまた、いつの日か何か別のシステムに移行するだろうが、それが自然にいまよりましなものになるという保証もまったくない。それがよりよいものに——真の意味で自由・平等・友愛を推進するシステムに——なるか否かは、われわれ自身の主体性の問題だと、著者は強調する。

この第Ⅳ章の課題をさらに深く掘り下げているのが、後半の「資本主義の文明」(Capitalist Civilization)である。本書の原本は一九八三年に刊行されていたが、一九九五年に、この部分が付け加えられ、いまのかたちになった。

訳書は、この増補第二版を底本とした。訳書の初版は、一九八五年に岩波現代選書の一冊として刊行されたが、原本の増補にあわせて、一九九七年に『新版　史的システムとしての資本主義』としてハードカヴァー本になった。今回、文庫化されることで、三度目のかたちをとることになる。本訳書のこの長い、あまり類例をみないであろう経緯からも、ウォーラーステインの歴史哲学の透徹ぶりが窺える。訳者として、著者ならびに岩波書店に心から感謝の意を表したい。

二〇二二年六月

長岡京市にて　訳者　川北　稔

史的《してき》システムとしての資本主義《しほんしゅぎ》
ウォーラーステイン著

2022年7月15日　第1刷発行
2022年9月5日　第2刷発行

訳　者　川北《かわきた》 稔《みのる》

発行者　坂本政謙

発行所　株式会社　岩波書店
〒101-8002 東京都千代田区一ツ橋2-5-5
案内 03-5210-4000　営業部 03-5210-4111
文庫編集部 03-5210-4051
https://www.iwanami.co.jp/

印刷・理想社　カバー・精興社　製本・中永製本

ISBN 978-4-00-384001-6　　Printed in Japan

読書子に寄す

——岩波文庫発刊に際して——

岩波茂雄

真理は万人によって求められることを自ら欲し、芸術は万人によって愛されることを自ら望む。かつては民を愚昧ならしめるために学芸が最も狭き堂宇に閉鎖されたことがあった。今や知識と美とを特権階級の独占より奪い返すことはつねに進取的なる民衆の切実なる要求である。岩波文庫はこの要求に応じそれに励まされて生まれた。それは生命ある不朽の書を少数者の書斎と研究室とより解放して街頭にくまなく立たしめ民衆に伍せしめるであろう。近時大量生産予約出版の流行を見る。その広告宣伝の狂態はしばらくおくも、後代にのこすと誇称する全集がその編集に万全の用意をなしたるか。千古の典籍の翻訳企図に敬虔の態度を欠かざりしか。さらに分売を許さず読者を繋縛して数十冊を強うるがごとき、はたしてその揚言する学芸解放のゆえんなりや。吾人は天下の名士の声に和してこれを推挙するに躊躇するものである。このときにあたって、岩波書店は自己の責務のいよいよ重大なるを思い、従来の方針の徹底を期するため、すでに十数年以前より志して来た計画を慎重審議この際断然実行することにした。吾人は範をかのレクラム文庫にとり、古今東西にわたって文芸・哲学・社会科学・自然科学等種類のいかんを問わず、いやしくも万人の必読すべき真に古典的価値ある書をきわめて簡易なる形式において逐次刊行し、あらゆる人間に須要なる生活向上の資料、生活批判の原理を提供せんと欲する。この文庫は予約出版の方法を排したるがゆえに、読者は自己の欲する時に自己の欲する書物を各個に自由に選択することができる。携帯に便にして価格の低きを最主とするがゆえに、外観を顧みざるも内容に至っては厳選最も力を尽くし、従来の岩波出版物の特色をますます発揮せしめようとする。この計画たるや世間の一時の投機的なるものと異なり、永遠の事業として吾人は微力を傾倒し、あらゆる犠牲を忍んで今後永久に継続発展せしめ、もって文庫の使命を遺憾なく果たさしめることを期する。芸術を愛し知識を求むる士の自ら進んでこの挙に参加し、希望と忠言とを寄せられることは吾人の熱望するところである。その性質上経済的には最も困難多きこの事業にあえて当たらんとする吾人の志を諒として、その達成のため世の読書子とのうるわしき共同を期待する。

昭和二年七月